U0111729

大展好書　好書大展
品嘗好書　冠群可期

大展好書　好書大展

品嘗好書・冠群可期

中華傳統武術

29

南派鶴拳
用法與練法

附DVD

馮　武　著

大展出版社有限公司

前　言

　　中華武術源遠流長，南拳北腿，門派繁多。鶴拳是福建南拳中流傳廣泛、影響力較大的拳種之一。相傳鶴拳為清朝康熙年間永春縣方七娘所創，至今已有三百多年歷史。在三百多年的傳承中，部分流傳至永春縣外的鶴拳，隨環境的改變而發生變化，傳至福州的鶴拳分別演變發展為宗鶴、鳴鶴、飛鶴、食鶴、鶴仔等各具特色 的鶴拳流派。如同離開陳家溝的太極拳演變為楊、吳、武、孫各流派一樣，雖各具特色卻萬變不離其宗。

　　另外，福建七大主要拳法的五祖拳中有白鶴拳內容，也有考證詠春拳源於鶴拳；還有，日本空手道四大流派之一的剛柔流就源於福州鶴拳。

　　如今鶴拳在美國、英國及東南亞各國廣為流傳，然而如此優秀拳種在我國卻少有著述，實為武林界一大憾事。我習鶴拳多年，雖未深得其髓，卻願盡微薄之力將所學鶴拳整理成書奉獻武林同道。

　　在整理成書的過程中，因少見與本書雷同的「鳴鶴拳」著作作為參考資料，故內容多憑老師口傳身授為主。如第一章第一節的「鶴拳源流、特點」，內容本為寫鶴拳的源流發展歷史，但我更大的篇幅寫了老師給我講過的傳

奇故事。在我學鶴拳的過程中，幾乎每個老拳師都給我講過有關鶴拳的「發展史」。這個發展史之所以加引號，是因為不能稱為「史」的，內容經不起推敲考證，只能說是傳奇故事。

但這些傳奇卻並非老師信口胡言，愚弄學生。因寓於故事中有那個時代的武德教育，鶴拳的由來，拳法的特點，以至拳法竅要。

與武術各門派相同的是，不排除一些神化祖師爺的內容。神化祖師的原因，並非單純急功近利地由捧高祖師來抬高自己的門派，更多的是對祖師的崇拜而產生的。

故事傳說，在各門類體育當中，應當是武術所獨有的。這也是之所以使武術形成文化現象的一種表現。現在國家在發掘保護傳統武術，傳奇故事也不應當忽略。隨著時代發展展，武術的神秘化在消失，武術的傳奇也逐漸在消失。故第一章的「鶴拳源流」一節，我以老拳師講述的故事為主體敘述，期望能對研究鶴拳的同道有所幫助。

武術各門派拳法在傳承過程中，或是老師因材施教，或因弟子才智不一，致使每個拳師的拳法風格相異、招式的動作名稱相異，以至立派分支。本書的鶴拳，是以鳴鶴拳師阮東老師傳授的拳架為準繩。

鳴鶴拳的內容主要包括以下幾方面：單練拳法套路主要有八步連、二十八步、中匡、柔箭、七景、化八，對練套路主要有五步交、十三步交、二十四步交、一百零八步對練，對箭及各式各樣的單操對練等，器械部分較少，主要有白鶴杖等棍術。

　　限於篇幅，本書選其中流傳較廣的拳法套路加以介紹。拳不打功，各門拳法都重視練功，鶴拳也同樣，「三戰」為鶴拳的入門拳，也是練功拳，有「拳從三戰起，三戰練到死」之說；還有滾石擔、摔手、打棺材板、拋石鎖等各種練功方法，為提高鶴拳的水準起到重要作用。

　　福州鶴拳源自永春白鶴拳，福州所傳的部分「鶴拳譜」也同樣源自永春。永春的鶴拳譜夾雜著永春方言，傳到福州，有些永春方言轉換成福州方言。還有是理解上的問題，或許是傳抄失誤，有的加了一言，有的少了一語，有的語句發生了改變，然而卻各具其妙。因此不必追問誰是誰非，只要是拳理有利於拳法，我們就接受，這都是前輩智慧的結晶。鶴拳傳至福州演變成鳴、宗、食、飛等新的鶴拳，同樣也有拳師重新理順拳理總結出新的拳譜或者拳理的隻言片語，也是很寶貴的。

　　本書拳法中單練套路，是以阮東老師傳授的拳架為主體。理論、技擊及對練方面還受益陳天興、鄭道鐘、陳淑營、吳麥秀等各位鶴拳老師，在此表示感謝。

目　錄

第一章

鶴拳綜述

第一節　鶴拳源流、特點

不知中國各門功夫，哪一個門派的源流有過正史記載，從筆者所見過的武術書刊來看，各門拳法的起源多從傳說中得來。有趣的是，北派功夫傳說中的祖師不是達摩老祖就是張三豐、周侗、岳武穆……總之，不是出個大英雄、大豪傑，就是仙人異士。

中國還有許多拳種傳說是由女人創編的，如峨眉拳、地術犬法（狗拳）、詠春拳、鶴拳、女人拳等，這些拳恰巧都起源於中國的南方，真可謂一方水土一方人，很難說這是一種巧合，還是對地域文化的神秘崇拜。南派的功夫又多象形拳，僅福建就有龍、虎、豹、蛇、鶴、狗、猴、牛、魚等多種象形拳法。鶴拳亦如是，是象形拳，相傳是由女人創建的。

鶴拳起源於清朝康熙年間，相傳創始人為福建福寧州府（清福寧府即現福建省福安、寧德等地）北門外拳師方種之獨生女方七娘。

據《永春縣誌·方技傳》載：「鄭禮和風里人，善拳術。康熙間，方七娘與其夫曾四（永春人）以罪謫永春。

9

禮父明嘗與角，不敵，病將死，遺言命禮師七娘，禮與林椎、姚虎等二十四人事焉……」鄭氏族譜和白鶴拳譜的記載與縣誌所記有所出入：第一，族譜中無「明」之名；第二，拳譜中記，鄭禮等二十八人與方七娘學藝。

　　每本拳譜的開頭都少不了有關拳祖的記載，據清代佚名古拳譜《鶴拳譜》載：「祖白鶴仙師，傳與福寧府北門外方種公女子名七娘。教傳永春西門外曾四叔，得有十分拳法，教傳永春□□弟子□□□□□□林、蔡、邱、吳……諸家，稱為二十八英俊。唯鄭禮叔□□□□□□□□□永春傳教鄭寵叔，分為上中下拳□□□□□□法傳流世代。」

　　清代佚名古拳譜《永春鄭禮叔教傳拳法》載：「拳法之道，自方種公起之，根源於女方七娘，尚未精透即傳。仙祖差遣白鶴降下，在寺中舞弄，七娘亦不知也。而白鶴舞腳弄翼時，七娘觀之，此鶴舞法甚妙，莫非要教妾耶？後時白鶴點頭三下，七娘方知仙祖差遣降下，隨朝暮勤習幾年，其藝精也。而白鶴升天而去，七娘望天拜謝，遂下四翼，輾轉而飛。此既已知，自此號為『教練寺』，天下稱為第一名師，傳下一生，不計其數。」

　　鶴拳的拳譜較多，有關祖師方七娘的記載自然也多，在此不一一記述。無論縣誌，族譜還是拳譜，雖然記述各異，但沒有不證明鶴拳始創於方七娘的，拳師口述的故事也如是。

　　在教我鶴拳的老師中，我聽到的有關鶴拳傳說各不相同，下面我所講述的是多年前在老拳師陳淑營處學拳時聽

到的一個故事，是憑藉記憶整理，難免有誤，且聽：

傳說方七娘的父親方種公為浙江麗水縣人，乃少林弟子，武藝精絕。有結義兄弟曾某，與其情同手足。一日二人在曾某家飲酒，方種公見曾某妻子已有身孕，就同曾某說：我妻也正有孕，不如這樣，如果你我的孩子都是男孩，我們讓他們結為兄弟，如都是女孩子，則結為金蘭，若是一男一女，則結為夫妻，如何？曾某大悅，二人說定。不久，方種舉家遷居福寧府，生一女孩，取名方七娘。

一轉眼十多年過去。一日，方種無事在一酒店飲酒，看有一年輕人在店中與人談論武藝，言語甚是狂傲，種公酒醉出言指點青年不是之處，旁觀有好事者提出讓青年與種公在拳腳上見高低。青年氣盛，種公也乘酒醉同意與少年較藝。二人來到街頭，沒幾回合種公被青年擊倒不起，被人送回家，不久身亡。

方七娘悲痛欲絕，雖從父習武多年，但技藝與父親相差還遠，難以為父報仇，自此每日刻苦練功。

一日，七娘在河邊洗衣，一隻白鶴立在七娘不遠處高聲鳴叫。境隨心轉，鶴鳴聲把七娘帶回父親慘死往事中，引起七娘心境煩亂，七娘順手拾起一塊石子擲打白鶴。白鶴或是躍起閃避，或是用翅彈開，也不飛走，有如同七娘嬉戲。七娘起身追趕，白鶴縱身躍入河邊小樹林。

這時，有一隻猴子從樹上躍下，攔在白鶴前面，擺出欲鬥的姿態。七娘好奇，立在一旁觀看。猴子主動向白鶴進攻，鶴和猴攻守迅速，一轉眼，鬥了幾個回合。猴再

攻，只聽一聲慘叫，那猴子的一隻眼被白鶴啄去，戰勝的白鶴騰空飛去。

七娘把受傷的猴子帶回家中飼養，七娘對猴鶴相鬥的結局百思不解，心想猴的力量遠大於鶴，鶴的身體薄弱，抗擊上又差於猴，而為什麼取勝者卻是鶴呢？

一日，七娘把那猴子從籠中放出引它與自己打鬥，七娘竟不敵猴。七娘找來自己的堂兄（也是師兄）回憶鶴與猴爭鬥的招式與師兄切磋。七娘練習猴所用招式與其師兄比試，未見有甚長處。

不多日，白鶴又飛至七娘庭院，七娘放猴出與其鬥，猴又受傷慘敗。此時七娘始悟，猴雖身力強於鶴，而速度卻遠不如鶴；鶴的身體雖薄弱於猴，但鶴所進攻處，皆猴之要害。七娘看猴鶴相鬥，終悟鶴法，創白鶴拳。

經多方打聽，七娘終於找到打死父親的青年，同時也知道了那青年人是父親為自己指腹為婚的丈夫。於是，提出與其較藝為父報仇，那青年同意交手。未幾下那青年當場斃命。

青年死了，七娘撫屍痛哭，青年的母親見事情怪異，上前責問七娘，「你打殺了我兒子是為父報仇，是你痛快的事，何必在這哭泣？」七娘回答：「他殺了我父親，我卻打死了我丈夫。」青年母親細問緣由，七娘講了這青年是自己指腹的丈夫，自己是方種的女兒。青年的母親問七娘今後的打算，七娘說要出家，青年母親對七娘說，家附近有一小廟沒人料理，如七娘想留在那裡出家，她可出資修建那廟，七娘同意。

簡要地說，後面接著講到七娘出家為尼後，又遇白鶴仙師如何傳鶴拳真法，之後又與弟子曾四結為夫婦，廣傳鶴法等故事。

再多的傳說我就不講了，若是讀者有興趣可在網路上，或鶴拳譜中查找，定能找到各不相同的傳說。傳說雖各異，但方七娘創拳，及白鶴仙師授秘這段內容多有存在。讀者切勿以為是傳說而輕視之。在沒有正史的情況下，傳說是有益於研究拳種的起源及發展的。

傳說中的白鶴仙師可能確有其人，或許白鶴仙師是迫於環境而隱姓瞞名的武林高手，出於對老師的尊崇稱為白鶴仙師也在情理之中。

白鶴拳流傳了幾百年，拳法上衍生出了許多分支，這並不稀奇，如此出現各種不同版本的傳說也更在情理之中了。傳說雖不相同，但鮮有信口開河的，故事多暗合拳師傳承拳法的特點。

如上述故事中講：「七娘把受傷的猴子帶回家中飼養，七娘對猴鶴相鬥的結局百思不解，心想猴的力量遠大於鶴，鶴的身體薄弱，抗擊上又差於猴，而為什麼取勝者卻是鶴呢？」這不是講方七娘在思考，而是老師在提醒學生要「有心」；很快故事交代了答案：「此時七娘始悟，猴雖身強力壯於鶴，而速度卻遠不如鶴（速度快，除了身體動作快、反應快，還要做到技術上所強調的『寧存一絲進，不叫一絲退』，或『以退為進』『近取快攻』），鶴身體雖薄弱於猴，但鶴所進攻處，皆猴之要害（鶴拳師所強調的擊打部位）。七娘看猴鶴相鬥，終悟鶴法，創白鶴

13

拳」。

　　故事講到方七娘終悟鶴法，如果老師再示範幾招典型的技法，學生定會從中明白一些道理了吧。

　　傳說還能記載一個拳種的發展演變，有關方七娘的傳說實在不少，在故事中我們不僅可以領悟拳藝，其中還包含著武德教育和拳派的傳承歷史。可惜的是，關於後來歷代鶴拳傳承者的傳說卻少得可憐。如果有傳說，哪怕故事並不精彩，那麼，一些由鶴拳演變而來的拳法的來源及傳承關係，就很容易一目了然了，不必現如今苦苦考證。如廣東的詠春拳是否源於鶴拳，日本的空手道剛柔流到底起源於福州鶴拳的哪一支，應該也容易解決了，不至於一邊說是起源於福州鳴鶴拳，一邊又生出諸多疑問了。

　　前些時間看網路有練鶴拳者言，傳說詠春拳出自鶴拳。有人以「攀高枝」之類言語反駁。詠春拳是否出自鶴拳，這可能需要相關部門反覆多方面求證才能證實。個人考證實在是難，不要說考證詠春是否出自鶴拳，即使鶴拳練習者本門的傳承脈絡也是一筆糊塗賬。

　　鶴拳傳承關係之亂，是有歷史原因，也有人為因素，但這不是我們要談的話題。

　　詠春拳和鶴拳確有太多相似之處。首先，鶴拳出自福建省永春縣，詠春與永春音同字相近。再者，從技術方面而言，也頗令人思索不已：從身體各部位要領來看，詠春拳給人印象比較深的是二字鉗羊馬姿勢——兩腳內扣，雙膝靠攏的站立姿勢。這種站法與鶴拳雷同，福州有的鶴拳紮馬講究吞解包臕青蛙腳。吞解包臕是指膝足內扣、襠向

後藏（襠向後藏這一點形成的身形與詠春不同）。青蛙腳是指腳內扣，以前福建人民出版社出版的《鶴拳》一書中「飛鶴拳」紮的就是這種馬。

我沒學過詠春拳，不過從外形上看，詠春的上肢要求應是同鶴拳「三戰手」要領相近的，鶴拳以手為門戶，肘為門軸，練時要求肘沉墜內收，以緊守門戶，并并向天（有意者可在手型部分中看三戰手內容）……在手法方面，我看過中國詠春拳總會會長李恒昌主講的詠春拳教學片，其中黐手訓練以攤、掌、膀、伏、枕、拳六種手法組成。其中的「攤手」似鶴拳中的「水手」；「掌」似「火手」；「膀」似鶴拳中的蝙蝠手（形似蝙蝠的翅膀），這膀手也不知是否有翅膀的意思；「伏手」似鶴拳中「金手」；「枕手」似鶴拳中「木手」的枝接葉用法；「拳」似鶴拳中「土手」。

從套路方面講，詠春與鶴拳拳法套路同樣是動作簡捷，無花法，是屬於練功的拳。在步入實戰的訓練階段，詠春拳有黐手練習，而鶴拳有基手練習。兩者在練習中搭手的形式雖異，但運用的規律卻都是見力生力，見力化力，見力得力，見力棄力，即如同太極之沾連黏隨，但不同於太極之處是，詠春與鶴拳得機得勢便可出手擊打對手。在實戰中，詠春講求雙手齊出，一主一輔；鶴拳同樣是雙手齊出，叫做上陣父子兵……

但我們也可以注意到，如果拿鶴拳與形意拳比較，也頗有共同點，如兩者都講五行，形意拳譜講「肩如擔擔」，鶴拳譜講「肩如挑千斤」，形意講「明瞭三星多一

力」，鶴拳講「井井朝天」……深思其理，乃是「千拳歸
一路」——只要是中國的拳法，那麼拳理相同之處一定較
多。鶴拳與詠春拳的相近處更多。「他山之石，可以攻
玉」，攀高枝倘能取他人之長，補己之短，對拳種發展是
有好處的。

能看到他人的長處，不恥下問，取他人所長，這是修
習武藝的一種智慧。「攀高枝」亦並非中國人專利，1990
年日本空手道四大流派之一的「剛柔流」，不遠千里到中
國福建省來「攀高枝」。考證福州鳴鶴拳為其源頭，並
立碑認祖歸宗，並在之後每五年一次，到福州進行學習交
流。空手道的資料我見到的不多，但僅能看到的那一部分
已令我感歎，他們發展的是那麼系統，那麼龐大（我在
想，同空手道交流時，我們是以祖師爺的姿態面對呢？
還是以學習的態度面對呢？還是……）。而我們的鳴鶴拳
呢，其狀況實在不能同日而語。

無獨有偶，日本空手道四大流派之一的「上帝流」源
自福州的虎尊拳，然而，虎尊拳在福州的發展同鶴拳一樣
不容樂觀（但不知中國有哪家拳法像日本空手道一樣，是
團結集體力量規範化、系統化、模式化發展的）。

有國外的學生來中國學鶴拳，他們談到北派拳法或國
家套路時，稱之為武術，而稱鶴拳類一些南派拳法為功
夫。在他們眼裡武術是用來表演的，沒有實戰應用價值。
當然，一方面來講，這是他們對中國武術瞭解得不夠多，
從另一方面講是中國大陸的武術經過了一個特殊性的發展
階段所造成。南派武術之所以稱為功夫，是因為中國的香

港、澳門沒經過那個特殊性的發展階段；還有是因為從前有許多南方人漂洋過海把南拳傳播到了海外，使得南拳在海外得到了正常發展的緣故。

環境使武術演變發展，進化或退化。先不要說什麼拳源於什麼拳，攀不攀高枝，提起一些拳種的祖師創拳時常有一句話是「取各家精華」。我們何不學祖師呢，對自己所學的拳種有所把握後，不夜郎自大，不墨守成規，虛下心來多向各家學習，海納百川，有容乃大。拳種都很優秀，能領悟到哪，練到什麼層次，且看自己努力。

武術講究門派，是為便於對其發展演變做研究，並非為爭論誰是正宗（正宗是沒有發展演變，發展演變了，太極拳才分陳、楊、孫、武、吳；鶴拳演變了，分出了飛、鳴、食、宗、宿），誰是嫡傳，誰是師大爺作憑證，更非為拉幫結派。

武術是一門藝術，最起碼說是一門技術吧，如應在拳理拳法上多研究，刻苦練，少講些是是非非，多從藝術中追求感悟。千拳歸一路，天下功夫是一家，能有所發展才是硬道理。

鶴拳傳到福州逐漸演變成宗、鳴、食、飛等諸多鶴拳流派。其中宗鶴拳之「宗」是指鶴拳發出的驚、彈、抖、擻勁；鳴鶴拳的「鳴」是講鶴拳以氣助力，以氣助勢，開聲發力；食鶴拳之「食」是強調了鶴拳手指的啄、扣、點、插等手法的運用；飛鶴拳則有「通之為飛」的說法，這個「通」有舒展的意思。

從名稱上我們就能得知，宗鶴拳強調「宗」，然而不

是說宗鶴拳沒有「鳴」、沒有「食」、沒有「飛」，只是宗鶴拳更強調「宗」而已。鳴鶴拳自然強調「鳴」，但也有「宗」「食」「飛」的技法特色。福州的各種鶴拳雖說強調了各自的特點，但在更多方面則是互相包含。如同太極拳的陳、楊、孫、武、吳各種流派一樣，相異的是各自的特色，相同的是共守的根本。

再次提到網路。前段時間網路上有「泰拳師打死白鶴拳師」的報導，是20世紀20年代發生的事，評論較多，且多以勝敗論英雄。據說那位白鶴拳師是個腳夫，而那位泰拳師是職業的。如果泰拳師是個腳夫，而白鶴拳師是個職業拳手的話，勝負如何則可想而知了。

泰拳在擂臺上發展了五百年，自然在擂臺上有優勢，而我們中國功夫呢？孟子不是曾說過「梓匠輪輿能以人規矩，不能使人巧」。在舊中國由於各種原因，靠專業教授武功或專業習武謀生以至安身之命的人極少。

以八卦掌這一門派而言，像眼鏡程，翠花劉，煤馬等，從他們的綽號中就能得知武術不是他們的主業，其他門派靠武術為生的人又有多少呢？

鳴鶴拳的祖師謝崇祥也曾是一位鞋匠。謝崇祥，字如司（1852～1930年），福建長樂縣首占鄉岱邊村人，七歲隨父母搬遷到福州市星安橋畔居住。現雖考證出謝崇祥祖師以上的數代傳承關係，但卻無法證實他們傳授的拳法為鳴鶴拳。現福州鳴鶴拳法的練習者皆為謝祖師的徒子徒孫所授，也就是說，鳴鶴拳無不出自謝崇祥。由此可以說，謝崇祥應為鳴鶴拳鼻祖。

　　傳統武術按地域分類有南拳北腿一說，鳴鶴拳既然是南拳，手法的嚴謹是鳴鶴拳的特色之一。鳴鶴拳手法較為豐富，有橫、直、頂、的、搖、翹、劈、插、絞、補、搓、挪等；按五行歸納又可分為金、木、水、火、土。五行相生為金生水，水生木、木生火、火生土、土生金；五行相剋為金剋木、木剋土、土剋水、水剋火、火剋金，理論上是這樣講，但從技擊的角度講是「功大不講理」，如同杯水不滅車薪。

　　鶴拳出手講「上陣父子兵」，就是雙手齊出，相輔相成。又有兩手如一手，右手勢盡左手接，左手勢盡右手應；左右呼應，以我之手配他人之鼻，以我之左配他人之右，以我之右配他人之左。千變萬化枝接葉，有橋斷橋，可對樁而破；無橋生橋，引之而破，手尾步步先軟，後而硬用勁。一手有六門之變，為上、下、左、右、出、入之分。手對足為天對地，手足相應，交手之時只可取帥，他來隨他來，他去隨他去，他左隨他左，他右隨他右，他高隨他高，他低隨他低，過角要分明。舉手行步，五肢歸接中肢，身法講究吞、吐、浮、沉、搖、宗、醉、側。而其身法雖說細緻，卻不可狂搖亂擺，要求身能靜如鐵柱。身為主，眼為帥，手為兵，腳為將，兩手如竹繩，兩腳如車輪。遇空則打，遇橋則斷，步步先顧自己，後取他人，見動取中，一氣行力。

　　既稱鳴鶴，「鳴」自然成為其特色，鳴的目實為以氣助力，順暢氣機，以聲助勢。要求聲氣從丹田而發，而不是憑藉口腔或喉頭發聲。

鶴拳譜中提到，關於呼吸要點是「呼吸之聲從丹田發出也，或恐聲在咽喉，無丹田之聲，必是中氣受鬱，五肢不能接續。若頭頂提正，胸庭向開，去路大條，中氣開通，胸前開到，丹田提起，則能提腸束氣，內力推出，是以呼吸之聲從丹田發出也」。鳴鶴拳的特點很難一筆書盡，學者在習練中慢慢領悟吧。

謝崇祥一生所傳弟子眾多，有蕭鑠德、陳世鼎、王仕俺、林貞蘭、阮傳水、吳福官等人。謝崇祥因材施教，其門下弟子所習拳法各具特色。其中，陳世鼎，綽號麻夥（1898～1976 年），是謝崇祥祖師弟子中較優秀者。謝崇祥開館授徒時，陳世鼎常作為助教伴其左右，對謝師祖的技藝有深刻的領悟。

陳世鼎功力深厚，據阮東老師講，陳世鼎是農民，在犁田時，可單手扶犁勞作；練習「三戰」時，以八十多斤石擔放在臂上滾動來練習功力。陳世鼎喜愛交流，好實戰，在交流和實戰中對鳴鶴拳有了自己的認識理解，從而對鳴鶴拳在繼承的基礎上加以改革，使他所傳授的鳴鶴拳更加強調了「鶴法全憑搖宗手」，搖身化力，宗身發力，手法身勢搖宗多變，剛柔相濟。同時，還豐富了手法的五行變化，創作出化八拳法及五行連環拳等拳法套路，對原有的拳法做了一定的革新，可以說對鳴鶴拳的繼承和發展做出了較大貢獻。

陳世鼎教出許多在福州、全國以至在世界武壇有一定影響力的人物，如黃性賢（黃氏太極拳創始人）、阮寶政、阮東（阮傳水之子）等。

　　鳴鶴拳傳人眾多，筆者瞭解有限，難以一一記述，願同道見諒。因作者為陳世鼎再傳弟子，這裡僅簡單介紹陳世鼎這一支系（陳世鼎這支傳播較為廣泛，本人對陳世鼎這一支傳承瞭解的也不完整）。希望今後有志同道合的武友或前輩能夠給我提供有關資料，待以後再整理有關鳴鶴拳時加以補充。

　　從我接觸的鳴鶴拳師中，他們所練鳴鶴拳的主要技術各有差異，但大體相同。然而，對拳法技術的動作名稱差別卻很大，本書拳法及動作名稱是以鶴拳拳師阮東老師所傳授的內容為主，加以整理。

第二節　鳴鶴拳身體各部位要領

　　拳諺云：「形不正則氣不順，氣不順則意不守，意不守則力散亂。」由此可見，不正確的姿勢會阻礙氣血經脈的暢通和勁力的順達，反之，則可使氣血暢通、勁力順達。再看周邊的物體形態，車輪因是圓的方能運轉；框架結構高樓的支撐主要取決於幾根堅挺的立柱；鋼管、角鐵、槽鋼，雖然這些東西同樣是金屬製成，然而各自的形狀不同，決定了它們所承受的力和用途也不相同。

　　同樣，拳法上也是如此，拳諺云：「低頭彎腰，傳授不高。」姿勢的正誤導致發力所產生的效果會不同，如聳肩氣則上浮，力斷於肩，不能接續，而沉肩則氣向下沉，力能達肘；練拳時保持過分低頭或仰頭，會造成氣血上湧，頭暈目眩……由此，對於拳法來講「姿勢就是力量，

姿勢就是健康」。在拳法中姿勢要求端正、順隨、自然，下面分別講述。

一、頭頸部

鶴拳譜講：「頭頂提正，如戴石帽，手足俱動，囟庭與百會合骨頂天如降地生根矣」「五筋吊起」。

俗話說：「低頭貓腰終究藝不高。」頭為身體三節之梢節，只有頭頂提正才能領一身中正。講到頭頂如戴石帽，有些人會理解成頭硬力上頂，其實不然。如戴石帽這句講到了頭，也順便講到了脖子，因為石帽是很重的，只有頭正頸直才能把石安穩的戴在頭上。如果是頭歪了或者頸不正，即使不把脖頸壓折也是不會支撐太久的。可以說，拳譜中這句話既講明瞭頭部要領，又形象地打了個比方。中醫認為「腦為髓海，髓海有餘則輕勁多力……」「腦為元神之府」。腦是指揮人體行為的司令部，頭正安舒，這「司令」才能指揮安穩，才能使思維敏捷。

「五筋吊起」是講頸部。是做到頭頂提正的一個要點，是在下頦內收，頭頂正，起牙關的基礎上達到的。

二、耳 目

鶴拳譜講：「眼目如銅鈴，又似將軍之目，不轉不合」「兩耳兩片當於肩墜相對相呼」「目要觀四向，耳要聽八方」。

耳目是接受資訊來源的主要器官，眼觀六路，耳聽八方，各拳家從不輕視。鶴拳練習時要求在動作放鬆時目光

隨之回收，兩眼也放鬆，當勁力向外發出時，目光也隨之外放。兩眼如銅鈴不是故意乾瞪眼，而是要協調一身勁力開合，即使形斷也要使神意相連。稱似將軍之目，是要求不轉不合，不亂視，是要求既要有威還要有神，並且如此練習既能鍛鍊目力，又利於實戰。

「兩耳兩片當於肩墜相呼應」是要求兩耳應當於兩肩沉墜之力相合，因此，也要求鶴拳在行拳中不要隨意甩頭轉臉。意不守則力散亂，「兩耳諦聽」可斂神，祛除意不守之弊。

三、肩

鶴拳譜講：「兩肩如挑千斤」和「兩肩對解頭相隨，不可貪前失後」。

鶴拳譜講「兩肩如挑千斤」，形意拳有「肩如擔擔」。其實是指練拳時肩要下沉，因為聳起了肩膀是擔不起重擔的，不僅挑不起重擔，而且還影響呼吸的深透，形成淺呼吸狀態；「勁」也會因此在肩部停滯，不能更好地向前發出。拳法中不但要求沉肩，而且還要求兩肩平正，肩向左側則造成身體左斜，向右側則會右傾。

「兩肩對解頭（胯）相隨，不可貪前失後」，也就是要求肩與胯合，立身中正。

四、胸　背

鶴拳譜講：「胸前向開，肩當聳後。」鶴拳師有「龜背鶴身」的說法。

「胸前向開，肩當輩（轉）後」，是開胸直背；「龜背鶴身」是指含胸拔背。胸背在運動中是緊密關聯的，如含胸才能拔背，直背定在開胸時。當然，這不是說胸背和其他部位沒什麼關聯，拳法要求每個動作必是一個整體，只是胸背關係表現得更為突出。像胸前向開，肩當輩後，如果兩肩頭不輩後，單純強調胸前向開也是做不好的。

鶴拳中既講含胸又講挺胸似乎矛盾，其實不然。對鳴鶴拳而言，龜背鶴身是處在身法吞、沉的蓄力狀態下；而開胸直背剛好相反，是在身法吐、浮的狀況下產生。不僅胸背如此，肩頭、兩膝、兩足、腰部及身體各部位都是這樣，有開就有合，有吞就有吐，有蓄就有發，這樣動作才能不僵不滯，氣血通暢，勁力順達。

五、腹

鶴拳譜講：「提腸束氣，膀胱與膳子亦吊起。」鶴拳師有「提腸吊肚」的說法。

「提腸束氣，膀胱與膳子亦吊起」是講行拳時要做到提肛收小腹，同時將睪丸隨之向上提收；「提腸吊肚」的意思與此同。收小腹同睪丸與肛門向上提收是關聯的，不收小腹不可能有效地做到睪丸與肛門向上提收。練鳴鶴拳有按逆腹式呼吸行氣發力的，也有按順腹式呼吸行氣發力的。這個要點在逆腹式呼吸中表現在身法吞、沉，及吸氣、蓄力等狀況下產生，順呼吸則相反。

此類要領有老師指點進行較好，有初學者特別是練習氣沉丹田時，認為鼓小腹為氣沉丹田，對身體健康危害較

大，有可能造成疝氣、脫肛、痔瘡等。

六、肘 手

鶴拳譜講：「內節如鐵，外節如綿，手指如泥，內外節井井向天，全叫身力以節為門戶。」鶴拳師關於手有「兩手如竹繩」和「井井朝天，指指朝天」的說法。

「內節如鐵」的內節是指上臂，「鐵」不是指上臂要緊硬，應指穩固。內節如鐵即指上臂要穩固，表現在肩沉和肘的沉墜內收上，不要理解成死硬用力。拳諺「手是兩扇門」，這兩扇門的軸就是這肘，肘關節不牢固—不「硬如鐵」，這「門」的安全性能就不會有保障了。手是身體的第一道門戶，至肘則是第二道門戶，第二道門戶大開對手則易長驅直入了。

「外節如綿」的外節是指小臂這一段，如綿是指要鬆柔，如同太極拳，只有鬆柔了，觸覺才更敏感，才能更好地用力。「手指如泥」也有說「外節如泥」，泥巴有黏性，如沾在手上不易甩掉，若是抓一把摔出去的感覺應能意會，這是個較形象的比喻。

「兩手如竹繩」，竹繩是用毛竹製成，在建築樓房中搭架子時捆固架子用的竹條，極具韌性。竹繩也好，泥巴也好，是要求手在實戰中能做到搭手能夠沾黏纏繞，發手則有韌性，有透勁。

「井井向天」是要求行拳時肩窩、肘窩、腕窩現出並向上，如此是沉肩、墜肘、坐腕動作正確的表現。沉肩勁能到肘，墜肘勁能達手，坐腕勁能到手，指指朝天則能使

兩肩鬆墜，勁力通透。形意拳有「明瞭三星多一力」的說法，這三星即是肩窩、肘窩、腕窩。

七、下　肢

鶴拳譜講：「兩足落地步步生根，任牽不散。」鶴拳師關於下肢有「兩腳如車輪」「吞解包臁」及「犁頭馬」的說法。

「兩腳落地生根，任牽不散」是大多南派拳法強調的。落地生根的要點是，腳落地時，腳跟與蹠骨都要落地。沒有發力時腳趾只是輕搭地面，發力時才緊抓緊扣於地面。有些人為了兩腳落地生根，一落腳，無論發力與否，腳是否落穩，腳趾先行扣抓地面，如此不僅沒有達到落地生根的目的，反而使蹠骨浮起，站立不穩。

「吞解包臁」中「解」是指腹股溝。吞解是指腹股溝有收藏之意，不可挺胯，但也不要過分後收形成翹臀之勢。小腿的兩側為臁，做到包臁須膝與足略內扣，使小腿兩側向前。在實戰中，吞解包臁既能起到護顧作用，同時也能起到用犁頭馬破壞對方下盤的進攻作用。

「兩腳如車輪」，是強調步法的靈活。在鶴拳中既要求兩足落地步步生根似的穩固，同時又要求兩腳如車輪似的靈活。所以，鶴拳要求平時行拳時不可抬高腳，腳掌要貼近地面而行，落地時要求「五點金落地」來加強步法的穩固，再透過走三角馬、三點五梅花、一字過三角、躓步、滑步等步法練習達到步法的靈活。

關於身體各部位的要領，鶴拳要求較為嚴格，這裡僅

作淺顯的介紹。鶴拳譜有「論頭頂身手足各處用勢及所以出力」一篇，對鶴拳身體各部位要領有精闢論述，現附錄於後，供欲深入研究的武學者參考。

第三節　怎樣練好鳴鶴拳

如果武術愛好者練習武術，卻對練武的訓練方法不瞭解，目的也不明確，肯定要走太多彎路。怎樣練好武術，或者說怎樣練好鳴鶴拳，如果讀者在練習之前思考一下，應該會對今後的學練有所幫助。

一、明確的目的

有位家長對我說：「我讓我兒子學跆拳道，不學傳統武術，武術太難，還要蹲三年馬步。」聽了這話我知道這位家長誤聽誤解了武術，他不瞭解傳統武術門類繁多，入門方式各不相同。甚至說這位家長也沒明白跆拳道，無論跆拳道還是傳統武術，隨便玩玩當然容易，沒有太難的說法，想成高手呢，同樣也不易。

換個角度說，這位家長是沒有明確的習武目的。練武術大概有以下幾種用途，一是強身健體，二是防身自衛，三是培養一種正當的愛好和志趣，可磨鍊意志，陶冶性情。既然武術的用途是這些，那麼，我們練武所追求的目的也應在其中了。

萬籟聲老師曾言：「我們今天不是希望人人成為武術家，是希望人人會這幾下，早睡早起，鍛鍊身體，以之代

替不良嗜好，以之消遣世慮，養出高潔思維，有為的強健體格。」我很贊同這句話，練武不一定要成為武術家，就像習畫不一定要成為畫家，學音樂不一定當音樂家一樣，多一種本領，磨鍊意志，陶冶性情足矣！

當然有志成為武術家更好，但在習武的人群中能真正練成武術家的恐怕只有百分之一或千分之一，甚至更少，然而，經過習武受益的卻是大有人在。若是大家有一份平常心，特別是青少年，若能每日抽出些時間（**不一定要早睡早起**）鍛鍊身體，以此正當的愛好代替在電腦前打遊戲之類的不良愛好，那麼，國家就會有更多身體健壯的青少年了。

二、明師的指點

明確了練武的目的，最好有明師指點，這樣至少是事半功倍。如果為健身而習武，那麼，根據自己的年齡和愛好找個太極拳老師或練其他傳統拳的老師學習套路即可。那些國家創編的競賽套路難度相對較大。如果想防身自衛，練傳統拳也可以，不過需注意許多練傳統拳的老師不擅長技擊，如果找不到懂技擊的老師，去學習散打更直接些。明師是明白拳理的老師，不一定是知名度高的老師。

另外，初學者能就近找個老師學武就好了，不必不遇關老爺終身不學大刀，也不必像我一樣遠涉千里尋找明師。學拳也未必一定要學哪個拳種，千拳歸一路，各門派拳法都不錯，重要的是找一個明白武術的老師，師父領進門修行在個人。

三、循序漸進

選擇了所習的拳種，練拳需注意循序漸進。有些武術愛好者認為那些複雜的拳法是高級拳法，並且好高騖遠，急於習練，鮮有不因此而走彎路的。練拳首先要對基本的手型、步型、手法、步法有所瞭解，再從基礎拳法練起。學鳴鶴拳入門往往先練習五行手或三戰。

拳諺有「學會三天，練會三年」的說法，意思是說學習三天的拳，需練習三年才能練好。鳴鶴拳有「一輩子三戰」的說法，其實三戰拳法形式很簡單，如跟著老師學會，也只需比劃幾分鐘時間就會了，但如若深求，就不是一年半載所能掌握的了。

用心去練，越深入，對拳理掌握的就越透徹，故鶴拳還有「拳從三戰起，三戰練到死」的說法。學者不要聽說要「練到死」就望而卻步。藝無止境，凡對任何藝術深入追求者，無不如此。練武，一分付出，一分收穫；一層功夫，一層道理。

看書學拳的愛好者，學每一式需細看動作要領，以便正確掌握動作。許多初學者學習三戰，急於一下子掌握全部要領，這是錯誤的。學三戰，初步先使頭、身、手、步大體端正，勿使拙力，在此基礎上，對每個要領逐步掌握，個個突破才行。

武術又叫功夫，花大量時間練出的技藝方能稱功夫。「企者不立，跨者不行」，功夫是一步一個腳印踏踏實實練出來的。再說練拳這種運動，先是一種愛好，後是一種

生活習慣，既然要養成生活習慣，那就不要急於求成。

四、注重趣味

有的學生三戰練了快半年了，老師還讓他整天僅一套三戰往下練，「一輩子三戰」「三戰練到死」掛在嘴上。這不是老師別有用心，就是老師教拳過分強調一步一個腳印了。如此教拳，多數學生會感覺枯燥和艱難，在一個腳印沒踩出來之前，就跟老師說再見了。

對初學者把學練三戰的時間延長不是沒有好處，但要注意方法。如果僅一套三戰練來練去，老師還整天說你練得不行。幾個月下來，信心恐怕練沒了。要是在練習三戰這幾個月的時間裡，滲入些有益於提高三戰水準的功法訓練，或對練之類，那麼，這幾個月不僅會提高三戰的水準，而且也不會覺得練習枯燥了。

五、專一有恆

有的武術愛好者，初學某拳興味盎然，不練到腰酸背痛腿抽筋誓不甘休，但過不久，卻打起退堂鼓來。還有的今天學南拳，改日學北腿，跟張三學幾天，又和李四學幾天，如此想掌握武術太難了，即使入門也難。

習武講究「緊了崩，慢了鬆，不緊不慢好用功」。既不可一日曝十日寒，又不能朝三暮四。酒是陳的香，拳也同樣，一種拳久經體悟才能由表入裡得其三昧，「拳從三戰起，三戰練到死」追求的就是這種深入。

六、用心去練

有習武者一套拳練了幾年了，也沒比同學者少流汗，但功夫卻比同學者差太多。這樣的習武者往往是練拳時只出力不用心。文同武相對，由此常被誤以為習武是粗活，不必太用心，殊不知任何藝術沒有極精細的用心是難以達到極高境界的。

故練拳要時常體悟動作要點，不僅要常向老師請教，也要多捫心自問，此一動作為何要這樣做，這一動作哪裡不得勁，不順隨，如何把握一個要點等等。

練拳也是個改拳的過程，「梓匠輪輿，能以人規矩，不能使人巧」，巧是在用心地訓練中體悟出來的。

第四節　鶴拳養生與健身

養生健身之道，自古有之。《呂氏春秋》中說：「陰康氏時，水瀆不疏，江不行其源，陰凝而易悶，人既鬱於內，腠理滯著而多重腿，得所以利其關節者，乃制之為舞，教人引舞以利導之，是謂大舞。」意為遠古時代，江水氾濫，濕氣彌漫，人們普遍得了關節不利的「重腿」之症，對此「引舞以利導之」。

《抱朴子·雜應篇》中說：「龍導，虎引，熊經，龜咽，燕飛，蛇屈，猿踞，鳥伸，兔驚」等諸種導引姿勢，是人類對飛禽走獸攀緣、顧盼、跳躍、展翅等動作的模仿，借此來活動關節，疏通氣血，達到消除疾病、恢復健

康的目的，於是逐漸創造出仿生的動功導引。至東漢末年，華佗使導引養生得到進一步發展。

據《三國志・華佗傳》記載，華佗曉養生術，他認為「人體欲得勞動，但不當使極爾。動搖則穀氣得消，血脈流通，病不得生，譬如戶樞不朽也」。他積極主張人體要活動，還模仿虎、鹿、熊、猿、鳥五種禽獸的神態和動作，結合導引、運氣、吐納等方法創編了五禽戲。五禽戲能外練筋、骨、皮，內練精、氣、神，使血脈流通，筋強腰固，脾胃健運。

歷代的導引養生術特別是華佗的五禽戲，對武術象形拳如鶴拳、猴拳、螳螂拳、形意拳、八卦掌及諸多南拳中的象形拳影響頗大，只不過這些拳種在模擬各種動物姿態的同時，緊密而巧妙地與攻防方法相結合而已。

且不論鶴拳是否有刻意仿效古人的導引養生法，但有一點，是凡新的事物產生，肯定受舊的環境和事物影響。鶴拳模仿了鶴的展翅、啄食、歇宿、抖毛、鳴叫等鶴的神形，結合導引、運氣、吐納等方法，形成了鶴拳的吞、吐、浮、沉等身法，橫、直、頂、的、搖、翹、劈、插等手法，吐故納新的呼吸法以及閃展騰挪，避實擊虛的步法……無論是技擊還是健身養生，都具有一定的實用價值。

從健身角度講，鶴拳廣泛適應各種人群。因其練功的形式有難有易，其中八步連拳法動作舒緩，有張有弛，強調吐納導引，是鳴鶴拳入門的基本拳法。即使身體較弱的中老年人也同樣可以練習掌握。

同樣是八步連拳法，加大難度，用「痹」勁（也有人稱之為吹勁或宗心勁）的方法訓練，同樣可達到增加運動量，強壯筋骨的功效。使用這種方法練習，方法準確，經過一個月左右的訓練，運勁時，肩、肘、腕關節會咯咯作響，這是抻筋拔骨的表現。既能達到拳家所講求的「筋長力大」，同時也有養生家所追求的「筋長一寸，壽長十年」的功效。

對於喜歡動作舒展、躥蹦跳躍的年輕人群，適合練鳴鶴拳的柔箭及二十八步拳法。練習鳴鶴拳中所有拳法，所用場地大小不拘，放開打，遠到丈外不為遠（二十八步拳法放開了打，能佔據十米左右的場地）。若場地局限，如陰天下雨在室內練拳，經調整「可拳打臥牛之地」也不為小，一兩公尺寬窄的地盤同樣可以完成所有鳴鶴拳法的訓練。另外，鶴拳拳法結構上，多為左右對稱練習，對身體的鍛鍊較為均衡全面。

鶴拳的拳法如八步連、中匡之類，強調呼吸，是以練內功為主的拳法。俗話說：「練拳不練功，到老一場空。」各門派除拳法之外，無不用功法來強筋壯骨，補充加強拳法之不足。

鳴鶴拳也同樣，有練習呼吸吐故納新、增強肺活量的換氣法、耐擊打的排打功、提高打擊力量順暢勁力的摔五行手、提高力度和硬度的滾石擔……「拳不打功」，練功不僅可以提高「打」的水準，也為外練手眼身，內練精氣神，特別是「外練筋骨皮」起到決定性的作用。

鶴拳講究內外兼修，對「內練一口氣」，或者說「內

練精、氣、神」更為重視。「肺有司呼吸的功能，肺是氣體交換的場所，肺位於胸中，上連喉嚨，開竅於鼻。生理功能是，司呼吸，主一身之氣，主宣發，肅降，外合皮毛，通調水道。人體由肺吸入自然界的清氣，呼出體內濁氣。吐故納新，使身體內外的氣體不斷得到交換」。

鳴鶴拳強調的是「鳴」。所謂「鳴」是指有聲的呼吸吐納。不只鳴鶴拳，其他鶴拳也同樣十分注重「鳴」，注重肺功能鍛鍊。在鳴鶴拳八步連拳法和中匡拳法中，呼吸要求深呼深吸，吸要吸透，呼要呼透，吐故納新要徹底，這樣對肺部能起到良好的鍛鍊效果。

鶴拳練的呼吸不僅作用於肺，也作用於腹，或者說丹田。在有些老拳師的觀念中，呼吸出入之氣是通於丹田的。雖然生理解剖上的結果證明，這種氣並不能到達丹田，但在這種觀念之下產生的腹式呼吸的訓練，卻能起祛病延年、強身保健的作用。由於腹式呼吸深而長，它能使腹肌、腰肌、膈肌等機能得到增強。

現代的研究證明，腹式呼吸還可促進內臟運動，消除臟器瘀血，促進新陳代謝和胃液、膽汁等消化液的分泌，增進食慾，改善營養的吸收。同時，腹式呼吸還可促進靜脈血液回流到心臟，改善淋巴液的循環，有效刺激神經系統，不斷改善內臟器官的功能。

據臨床觀察，腹式呼吸可治療呼吸系統、心血管系統、潰瘍、胃下垂、腸功能紊亂等多種疾病。長期練此功，可使人精力旺盛，面色紅潤，體格健壯。

練鶴拳只要能做好腹式張縮運動，做到呼吸深長有

力，均勻沉細，注意力集中並意守丹田，就會很自然地把氣血由丹田周流全身。練功時氣由丹田發，以氣催力，勁達兩足，使之落地生根。同時，還必須注意身體各個器官要密切配合，使勁達到全身各個部位，才能取得更好的健身效果。

如果在訓練時，氣吸進並集中於丹田後即直接呼出，身體各部位沒有進行任何配合，那麼，就會影響效果或產生副作用，如動作笨重，不協調；練內功則會出現頭昏腦脹，身病體贏等；而且，不拘內外功，都會出現眼起紅絲、氣色黯敗、筋骨不舒、神色不寧的現象。

鶴拳一呼一吸的同時，除配合肢體動作外，還要做到提腸吊肚。提腸吊肚，即提二陰。二陰指前陰，後陰。中醫認為，「腎位於腰部，左右各一，是主宰人體生長發育，生殖及維持水液代謝平衡的重要臟器，主要生理功能是藏精、生髓、主骨，是生殖發育之源，主納氣，主水液，開竅於耳及二陰，其華在發。尿液的排泄及生殖功能皆為腎所主。而大便的排泄，也要經腎的氣化作用才能順利排泄，故有「腎開竅于二陰和司二便之說」。腎開竅於二陰，提腸吊肚無疑對腎有著較好的鍛鍊。

總之，鶴拳「內練精氣神，外練手眼身」，是養生健身的好拳法。但無論練任何拳法，要想達到養生健身的效果不是一朝一夕所能成就的。無論選擇任何方式進行養生健身，貴在持之以恆，使之成為一種生活習慣，無論是對青少年還是中老年人，也無論身體老弱，只要掌握正確的方法及適當的運動量，都會達到養生健身的目的。

第二章 鳴鶴拳基本技術

第一節 手 型

鳴鶴拳的手型主要有拳、掌、指、勾、爪、三戰手六種。

一、拳

鶴拳的手型有平拳、單珠、薑母拳。

1.平 拳

四指捲曲，拇指扣壓在食指和中指的第二節上。這種手型多在拳法的防守動作中出現（圖2-1）。拳心向上時為仰拳，拳眼向上時稱立拳。

平拳在鳴鶴拳中發力時才出現，所以要求五指要緊抓緊扣。

圖2-1

2.單珠拳

單珠又稱為單棗。小指、無名指、中指、食指依次捲曲握緊，拇指扣壓在中指第二節和食指的第一節上，其中食指較為突出（圖2-2）；也有把中指和食

圖2-2

37

指同時突出者，稱為雙珠。

這種手型出現在拳法的進攻動作中。

3.薑母拳

與平拳相似，拇指輕扣在食指和中指的第二節上，無名指和小指張開，要求五指放鬆（圖2-3）。

這種手型多為平拳或單珠拳發力後放鬆的手型；也在防守中運用，如用在手法的五行變化中。

二、掌

鶴拳多用掌，掌法的運用變化多端，表現出的掌型也多種多樣，以手心的方向為準，無論掌心朝上、朝下、朝內、朝外、朝前和朝後，都有相應的掌型、掌法出現，以手指的方向為準也是同樣。這裡且不作一一介紹，現只介紹本教材中常出現的幾種掌型。

1.插　掌

掌心朝內，拇指緊扣於掌側，其餘四指向前，四指既不要故意分開又不要有意併攏；發力時掌型向四面展開，力達掌指或掌側（圖2-4）。

在運用中，單手插出稱為單箭，雙手插出稱為雙箭。還有掌心向上的插掌稱為陽掌或仰掌，手心向下的稱為陰掌或俯掌。

圖2-3

圖2-4

2.正　掌

又稱為八仙掌。掌心朝前，拇指扣於掌側，其餘四指自然分開，掌指向上，發力時拇指緊扣，掌型向四面展開，力在掌根（圖2-5）。

圖2-5

3.坐　掌

掌型與八仙掌相似，只是拳法中要求坐腕時，腕窩向上手腕下沉，所以四指會朝向外側，但在意識上四指仍有意向上挑起，拳譜上稱為「指指朝天」（圖2-6）。

這種掌型在北派拳法中應是少見的，在鳴鶴拳中卻為重要掌型。

4.抱　掌

拇指輕扣在掌側，其餘四指要求放鬆，向內自然彎曲，掌心內含，腕部稍內扣，拳法中的抱掌出現時，常為兩手心相對如同抱球（圖2-7）。

抱掌屬技擊的柔化動作。

三、指

在鳴鶴拳中只有一種指型，要求食指和中指伸直，兩指間距與雙目同寬；無名指和小指彎曲，拇指搭扣在無名指第一節上（圖2-8）。

圖2-6

圖2-7

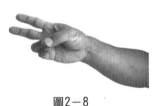 

圖2-8　　　　　　　　圖2-9

因形同剪刀，故又稱為剪刀指。

四、爪

爪型在鳴鶴拳中只有一種，又稱為鶴爪。要求食指、中指的中節和梢節彎曲；無名指和小指根節、中節、梢節均要彎曲；拇指朝向食指和中指屈扣；虎口撐圓，掌心內含（圖2-9）。

五、勾

勾的手型主要有兩種，一種為鶴勾；一種為千斤勾。

1.鶴　勾

腕向後屈扣，五指朝前為提勾；腕向外，指向內屈扣為橫勾；腕向上，五指向下為垂勾（圖2-10）。勾手五指不必捏攏。

鶴拳的勾在技擊中有頂、提、啄、扣、勾、撞等用法，既可攻又可守，技法較為豐富。

2.千斤勾

形似手掌下垂的動作，故又稱垂掌。要求屈腕，掌心內含，四指向下，拇指內扣（圖2-11）。

圖2-10　　　　　　　　　　圖2-11

六、三戰手

三戰手不是一種具體的手型，而是鶴拳中對上肢技術要求的一種規範，較為重要。

鶴拳有「要想鶴拳好，三戰裡面找」的說法。三戰手就是鶴拳中「找」規範的一種標準。

三戰手的手型是不確定的，這裡以朝陽手手型為例。小臂要求腕部比肘部高出約兩公分；肘距身體有一橫拳距離；肘部向內收靠，意為守緊門戶；肩窩、肘窩、腕窩向上為「井井朝天」。

圖示可參看八步連拳法中的朝陽手等動作，也是後面拳法中上肢動作的規範，不容忽視。

第二節　步型

鳴鶴拳的主要步型有三戰步、馬步、三角步、弓步、丁字步、歇步、跪步、半馬步等，如若細說有些複雜。如同樣是馬步，在不同的套路裡馬步的高低要求不同，步距的寬窄要求也不同。同樣是一種步型，不同的老師又有不同的稱呼，如其中的三戰步。

一、三戰步

三戰步又稱平行馬，或長短腳。稱為三戰步，是因為這種步型是入門功法「三戰」中的重要步型，主要出現在「八步連」拳法中。

左腳在前的三戰馬稱左三戰馬，反之為右三戰馬。稱為長短腳，是因為兩腳站立時，前腳比後腳長出約一個大腳趾距離，或半腳長的距離。

【具體步法】兩腳與肩同寬，屈膝下蹲，右（左）腳比左（右）腳前出約一個大腳趾長的距離。

【要領】「吞解包朧青蛙足」。吞解是禧有向後縮意，青蛙足是腳略內扣，包朧是膝隨腳向內。屈膝下蹲的幅度在不同套路中要求不一。如在「八步連」中要求先高後低。在「中匡」中，則要求由低入高。馬步過低，運動量相應會增加。

在套路練習中，兩腿不可勉強下蹲，否則，會導致下盤僵死或兩膝前跪等病狀出現。兩腿屈膝下蹲的步法稱為三戰馬步（圖2-12）；由三戰馬變成後腿蹬伸，前腿弓形的步法稱為三戰弓步（圖2-13）。

二、馬　步

在「八步連」和「中匡」中出現的馬步為兩腳與肩同寬，要領與方式方法和三戰馬步相同，不同處是兩腳尖要平齊。

在「柔箭」及「二十八步」等拳法中出現的馬步兩腳

圖2-12　　　　　　　　圖2-13

間距約為兩腳半長。「中匡」中出現的馬步要求大腿接近水平（圖2-14）。

三、三角步

在鶴拳中常把三七步或四六步稱為三角步。兩腳前後開立，前腳略內扣，後腳外撇45度，兩腳前腳跟至後腳跟約一腳半長的距離，重心前三後七者稱三七步，又稱虛步（圖2-15）。

圖2-14　　　　　　　　圖2-15

43

兩腳前後開立，前腳略內扣，後腳外撇45度，兩腳前腳跟至後腳跟約兩腳半長的距離，重心前四後六為四六步（圖2－16）。

四、弓　步

前腿屈弓，後腿蹬伸的步法稱為弓步。在鳴鶴拳中，沒有直接出現的弓步，弓步是由三角步、馬步、丁字步等步法轉成，所以弓步的步距往往跟變化前的步法有關。鳴鶴拳身法上講究吞、吐、浮、沉。弓步時多是配合身法的吐和浮，這時重心隨步法的轉化而升高（圖2－17）。

圖2－16　　　　　　　圖2－17

五、丁字步

兩腳前後站立，兩腿屈膝下蹲，後腳橫向外撇，重心落於後腳；前腳掌虛著地，前腳跟對後腳內側彎處，之所以稱為丁字步，是因為兩腳站立的形式如同丁字（圖2－18）。

六、歇　步

兩腳前後站立，兩腿屈膝下蹲，前腳腳尖橫向外擺，後腿膝蓋靠在前腿膝窩處，後腳跟抬起，前腳掌著地。因兩腿互靠如同歇息，故名歇步（圖2－19）。

七、跪　步

一腿屈膝全蹲，一腿屈膝跪地，小腿內側及腳內側著地，跪地腿膝與全蹲腿腳尖平齊。跪步又名蝙蝠腿，這裡是單腿的跪步，又名單蝙蝠（圖2－20）。

圖2－18　　　　　　圖2－19　　　　　　圖2－20

第三節　手　法

武術有「南拳北腿」的之分，這一點在鶴拳中得到充分體現。鶴拳手法極為豐富，有橫、直、頂、滴、搖、

絞、劈、掛、接、補、收、迫、彈、扣、搓、摩等手法。
若則按五行手進行歸納，有金、木、水、火、土五種手
法。對五行手法的定性有：

1.逢頂屬金

關節突出向外產生膨脹力的
手法，也有逢圓屬金的、金有漲
金的說法，外形如同腕關節向外
突出的勾手（圖2－21）。

圖2－21

2.逢浪屬水

其勢動則如浪滾湧，如水潑
出；靜則如水浮物，因敵變化。手法運用中表現形式通常
為摔手或手心向上的搭手手法，（如圖2－22）所示，為手
向前摔出成手心向上的手法。又有手心向上為明水手；手
心向下的摔手為暗水手之說。

3.逢枝屬木

鶴拳有「千變萬化枝接葉」的說法，枝接葉的手法屬
於木手。枝是指中節，葉指的是尾節，枝接葉是以強制
弱的手法。另外，木性通順條達，插掌具有木的屬性，故
手指向前是木的特徵之一，鶴拳稱插掌為木手或箭手（圖
2－23）。

圖2－22

圖2－23

4.逢沖屬火

火勢燃上，其勢猛烈。在鶴拳中，手指向上的手法多為火手，如手立掌向前推出的手法，其勢發放對手如牆上掛畫（圖2－24）。

5.逢沉屬土

力向下沉的手法多為手心向下，如按掌或千斤勾之類；撞拳因其勢渾厚，也屬土手（圖2－25）。

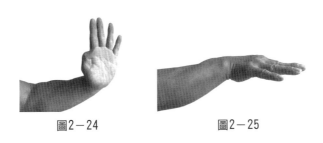

圖2－24　　　　　　　　圖2－25

掌握這五種力對練好鶴拳至關重要，練好五行周身力全。以金生水，水生木，木生火，火生土，土生金及金剋木，木剋土，土剋水，水剋火，火剋金的五行生剋規律來解釋技擊上五行手法的生剋制化，這種以法說死理的講法是行不通的。

武術講的是功夫，水能剋火，但杯水難滅車薪，故「有功大不講理」的說法。從以上五行又可演化出多種手法，以水手為例，如向前摔手成手心向前、手指向上的八仙掌是半水火手，掌心向上向前插出的掌法屬於半水木手，掌心向下向前插出的為半水土手等。

第四節　身　法

鶴拳的身法以「吞、吐、浮、沉、醉、側、搖、宗」八法為主。吞為縮身蓄力；吐為展身發力；浮為發力時身肢舒展，其勢上浮；沉為蓄力時肢體收縮，其勢下沉；鳴鶴拳中吞和沉配合，吐和浮配合；醉為身向後傾，閃化上盤攻擊；側身又叫溥身，即側身時使身體受擊打面積減少；搖身為身體搖轉化力；宗身為身體彈抖發力。

然而，無論吞、吐、浮、沉、醉、側、搖、宗，總以中正為要。

鶴拳譜有「論正直之法」一篇講述正直之要：「正直出力，人與物俱同，試以物行動而觀之。夫犬有時過水，觀其離水之際，頭正身正，四足落地，沉身中抖擻，雖有水而不見其何之。故人之行步，身中正直沉，推一叫，欲進則進，欲退則退，不致有艱難之患，無接續之勢也。倘若身腰不正，一身盡向出，足步又盡開，大晃直搖邊破之，吾知其敗矣，正直二字安可忽略。」

第五節　步　法

在實戰中誰能有效地調整適於自己的距離和角度，誰就能有效地控制對手，故步法在實戰中尤為重要。

鶴拳中主要的步法有：

一、滑　步

鶴拳中稱上步、退步、左上步和右上步，我在這裡且統稱為滑步。前腳向前上步，後腳向前跟步，為前滑步，又稱上步；後腳向後退步，前腳向後跟步為後滑步，又稱退步；左腳向左上步，右腳向左跟步為左滑步，又稱左上步；右腳向右上步，左腳向右跟步為右滑步，又稱右上步。所有滑步在動作之前與動作完成後，兩腳間距離不變。稱為滑步是因為移步時腳底要貼地面滑行。

滑步的動作較簡單，在實戰中經常運用，是一種十分重要的步法，故不可忽視。

動作可參看八步連拳法每做完一招式之後的上步。

二、三角步

左腳在前，右腳在後，兩腳間距離與肩同寬。左腳向左後方滑步，至於右腳平行的位置；右腳向左上方滑步至左腳離開的位置上，兩腳運行路線形成等腰三角形，故稱三角步或三角馬。

三角馬在實戰中是閃開打入的步法。動作可參看對練部分五步交的第一式「左右靠基」。

三、躍　步

左腳在前，右腳在後站立。兩腳蹬地躍起，右腳經左腳向前落步，隨後，左腳經右腳向前落步，這是前躍步。若兩腳蹬地躍起，左腳經右腳向後落步，隨即右腳經左腳

向後落步,則為後躍步。

後躍步是鶴拳中常見步法,初練鶴拳時老師就讓我練這種步法,說這叫「逃步」,有「未習打,先學逃」的說法;又有稱「道士腳」的,我想應該是「倒勢腳」,其意是借對手推撞之力順後躍,其勢如向後倒身。

動作可參看二十八步拳法中的「獅子滾球」。

四、之字步

左腳或右腳向前約45度角上步,如果兩腳交替向前45度角上步,其運行路線如同「之」字,故名,又有稱為三角步或角步的。

在實戰中角步用來對付走我邊門或繞身上步的對手有奇效。動作在二十八步中出現較多,凡向左右45度上步的動作大多都是。

五、換 步

兩腳左前右後站立,同時起跳;右腳向左腳的位置落步,左腳向右腳的位置落步。起跳換步時,身體要穩,避免高跳,兩腳應儘量擦地而行。

換步是以步法克制步法的動作。動作參看二十八步拳法的「扭袖」。

六、蹍 步

兩腳平行馬站立,兩腳跟以前腳掌為軸同時向左或向右擰轉。

踮步的作用主要是在實戰中改變身體的角度。動作參看八步連拳法中的「蓋掌、搬攔」。

第六節　腿　法

雖說南拳北腿，但鶴拳中的腿法並不少見，只是在實戰中要遵循「無搭不起腿」的原則。

下面僅介紹鳴鶴拳套路中出現的五種主要腿法。

一、彈　踢

支撐腿直立或微屈；另一腿屈膝上提，腳面繃平向前踢出。動作參看二十八步拳法中的「抱掌撤步腳」。

二、正　踢

支撐腿直立，另一腿腳尖勾起，直腿向前額方向猛踢。動作參看二十八步拳法中的「魁星踢斗」。

三、踩　腿

踩腿俗稱「褪皮腿」。支撐腿直立或微屈；另一腿屈膝上提，腳尖外擺向前下方踩擊，同時支撐腿重心隨下踩略下降。動作參看二十八步拳法中的「褪皮腿」。

四、日月腳

即所謂的「二起腳」，不過在有些老師練起來更接近「彈箭」。兩腳騰空，一腳向前彈踢，在踢出腳未落地

前，另一腳迅速向前踢出。

動作在柔箭拳法中出現，在二十八步拳法中出現的是另一種表現形式，參看二十八步拳法中的「日月腳」。

五、攔　踢

兩腿微屈，後腿腳尖外擺由後向前擺出。攔踢主要是用來阻攔對方的腿法，有時也可用來進攻，鳴鶴拳的攔踢表現在二十八步拳法中，動作騰空起腿，突出了表演的一面。動作參看二十八步拳法中的「左、右掩肘攔踢」。

第三章
基本功法

「練拳不練功，到老一場空。」這句話恐怕是每位習武者都知道的，正確的學好基本功是掌握一門武功的必要，前人習武透過功法的訓練來提高身體素質，錘煉某種攻防絕技或是用來達到養生健身之目的。

然而，許多習武者對練拳要練功實踐地並不好。其原因多是因為練習基本功法枯燥乏味，苦痛難當或是不得法。沒有紮實的基本功等於沒有地基的房屋，是經不住風吹雨打的。

見過一些習武的朋友，本來拳法練的還過得去，一段時間放下不練，再拿起來，拳架就散了，勁也不整了，這就是基本功練得不夠的原因。

要想練好武功，基本功一定要練，如此才能提高並鞏固自己的功力，才能更有效地達到強身、健身、防身自衛的目的；並且練功得法，其中樂趣並不亞於練習拳術。

下面我介紹幾種鶴拳的基本功法供大家參考習練。

第一節　換氣法

以前我在《武當》雜誌發表過一篇「自然門換氣法」

的文章深受讀者喜愛，是因為換氣法簡單易學且實用，是一個養生健身的好功法。這裡介紹的是鶴拳的換氣法，也同樣易學實用，不僅可以做到吐故納新，還可內壯五臟六腑，增強下盤功力，還有更多妙處在功夫下到時自現。主要練法如下：

1.兩腳平行開立與肩等寬，頭正頸直（頸直但要放鬆），身體端正，周身放鬆。

2.保持上述要領，邊呼氣，身體邊放鬆，左右搖晃，同時身體重心漸漸下沉。

3.待氣呼盡時，轉為吸氣，身體仍然保持搖晃，此時重心漸漸上升，吸氣吸足時，身體處在展胸立腰狀態。然後，動作不停，再做呼氣時動作，如此反覆練習十次左右。

練換氣法時，要選擇空氣清新之處練習，最好肢體先略做活動，特別是下肢，練習時動作幅度要由小到大，呼吸要做到深勻細長，動作和呼吸要緊密配合。

第二節　摔　手

發力練習應是各門拳法所重視的，鶴拳老師教學生時常以「三戰」和摔手練習作為入門。從「勁」的角度講，三戰更多的是練試力，摔手是練發力。

不同老師教學生練習摔手的方法也不同，但基本上不出「五行手」的範疇。其中練水手或火手者較多，也有木手或五行手都練的，但以我個人的經驗認為初練還是以

一種手法入手為好，一種手法練好其他手法也就水到渠成了。

下面我要介紹的摔手為「八仙掌」摔手法，或稱作摔八仙掌。按五行手劃分，八仙掌為半水火手。

1.兩腳開立，兩腿屈膝下蹲成馬步，頭正頸直，龜背鶴身（含胸拔背），吞解包臁，兩手放鬆下垂於腹股溝前。

2.兩腿蹬伸，兩足抓地旋擰，挺胸立腰，兩掌向前摔出成立掌，掌心朝前；同時發聲助力。再接前面動作，如此反覆練習。具體動作可參考拳法「八步連」及「化八步」中的八仙掌動作。

初練摔手不求細緻，只求身體端正，身體一起一落地把掌摔出即可。摔手的感覺如同抖毛巾，初學者可以先拿條毛巾抖抖，然後再試著將手臂像毛巾一樣向外抖出。

等你有了些感覺，試著手與足合，即手腳協調；然後，注意氣與力合；再接著感覺馬步下蹲時身體要吞、要沉、要蓄好力，兩腿蹬伸時身體要吐、要浮、要把勁力充分發出。

想再提高，還要加上蓄力時的搖身及發力時的宗身，這些功夫看著容易，卻不是一朝一夕可成就的，需經日積月累。練摔手每天練三四百下，一般練上三個月到一年左右，宗勁即可練出。

練習摔手時切忌不做準備活動就猛然發力，如此易傷關節。練摔手不能閉氣，但也不必每摔一下必發聲，不必發十足力氣，「用心去練」是關鍵。

第三節　拍打功

拳諺云：「未習打先習挨」「練時多挨打，戰時少受傷」。拍打功就是「挨打」的功夫。

鶴拳的拍打功練法有些特殊，它是在練拳的過程中進行。在練習三戰拳法時，老師或同伴對你上肢、身軀、兩腿進行拍打。起初不必練習整套三戰，練習者只需以三戰中「千里引風」的動作站好，老師或同伴分別對你四肢軀幹進行拍打。拍打上肢時兩臂要保持不動，以練基手強度；拍打下肢時也要保持不動，以練樁步穩健；拍打軀幹時，身軀要縮緊以增加抗擊打力。

練拍打功最好在練功快結束時練習，因為這時全身氣血已經運行通暢了，不易受傷。還有，拍打功練習一定要循序漸進，不能勉強。練習過程中也不能開玩笑，比較薄弱的部位要輕擊或不進行拍打。初學者最好是找老師或有經驗的同伴進行拍打。

第四節　滾石擔

滾石擔，或者稱為「石擔功」，這是在三戰拳法練好的基礎上進行的一種加強功力的訓練方法。石擔係用兩塊質地堅實的石塊製成的圓形石盤，中間開方形孔，通常用滿把粗之竹作槓，兩端分別插入石盤方形孔，再用木楔塞緊，使石盤與竹槓連接緊固，其形式如同體育器材中的槓

鈴。具體練法是：

在練習三戰時，先屈臂上提石擔置於肘彎處，兩撚掌坐腕成朝陽手，練「蟒蛇出洞」動作時，石擔經肘滾向腕關節，做「千里引風」動作時再收回至肘關節，再撚掌坐節成朝陽手，再做「蟒蛇出洞」從肘關節向前滾動，如此反覆練習到疲勞為止。這種功法最好在練習鶴拳有了較好的基礎後，在有老師指點的情況下練習。

鶴拳的基本功還有很多，如插沙功，石鎖功，抓壇功，打沙包，竹筷子，打棺材板等許多功法。其中一些功法不適合多數武術愛好者習練，或者有些功法已經不適應這個時代，事物發展的規律不是進步就是退步，沒有停留的，武術也不例外。

我們在繼承傳統武術的同時要知道武術是為人所用的，所以要學會該放棄就放棄，能創造則創造，該吸收也要吸收，只要其合理，皆可運用，如詠春拳的手法與鶴拳雷同，詠春拳的木人樁應同樣適於鶴拳練習。還有，在鶴拳中三戰和八步連等拳法也屬練功範疇，拳諺有「拳從三戰起，三戰練到死」的說法；另外，對練部分介紹的循環往復的單式對練也屬於練功的範疇。

第四章
鳴鶴拳單練套路及要領

　　若是在20世紀八九十年代，如果誰會許多套路，那一定會被認為是高手，是通家；而在之後不知不覺中，套路似乎成了花拳繡腿的代稱，一下子被一些人打入了十八層地獄。

　　欲論套路的是是非非，首先要瞭解套路。套路是表現中國傳統武術運動的一種主要形式，是將武術功法和攻防招式按一定的形式編串成套的練習方法，是多數拳派的主要內容。在傳統武術當中，完全沒有套路的拳種較為鮮見。

　　中華武術內容十分豐富且練法簡便，是用來防身自衛、強身健體的最佳選擇，可供單人練習，也可兩人或多人對練；對訓練場所要求也很隨意，既可「拳打臥牛之地」，又可「拳打丈外不為遠」；既可操各式各樣器材練習，也有更多的徒手練習；並且適於各種年齡不同性格的人練習，因拳種既有柔和緩慢、注重修養身心的內家拳，又有剛勁猛烈、強筋壯骨的外家拳，更有豐富多彩的象形拳。

　　說套路無用是套路不能直接用於實戰，然而，實戰所需具備的一些功夫卻可憑套路的訓練達到，如「外練手眼

59

身步法，內練精氣神力功」。

　　另外，套路還是一種動作形式的筆記，一本無字的經書。從前，習武者多是沒有學歷的，他們以套路的形式記錄了自己的絕招絕技、拳理，或者是說有的東西根本是無法用文字記錄的，而由套路這個載體正確表達，才得以傳承。我們經常可以看到一些目不識丁的武林前輩，透過拆解套路，講招式，述拳理，把前輩留下的東西理清法明地傳給了後學者，才沒有因學歷上的缺陷使中國武術失傳。所以說，套路有用，切莫忽視。

　　可能是受「花架子」這個詞的影響，以至有的老師在教我拳法時常提示我，「這是練功的拳，不是練法的拳」。看了福州的鶴拳不容易讓人想到「花架子」這個詞，不是說鶴拳實用，而是說鶴拳與長拳或廣東南拳之類拳法比較來看，樣子有些太「拙」，並且多重複動作，更不要說與國家套路比較。從賞心悅目的角度看，福州鶴拳是不嘩眾取寵的，應該說拳法的功能原本不應該是從嘩眾取寵的角度娛樂大眾的。

　　我在初學鶴拳時，練的是入門拳法八步連，老師說這是氣功拳，也有的老師說這是道家的功夫，其實是否是道家的也沒見誰拿出確鑿證據。是也好，不是也好，然而，這看起來「拙」的拳法卻蘊含著極為豐富的拳理，完全可以用來修身養性，強身健體，防身自衛。透過這些拳理加以實踐，從中就能發現鶴拳套路的價值所在。

　　在福州鶴拳當中，鳴鶴拳的套路算是較為豐富的了，鳴鶴拳單練套路主要有八步連、二十八步、柔箭、中匡、

七錦等。在陳世鼎這一支派中，又有第二套八步、化八步、五行連環。

第一節　八步連

八步連為鳴鶴拳的入門拳法，是由三戰、八仙掌和四門三部分動作構成。因其拳法中主體部分需八步完成，故名。

鶴拳有「三戰為先，端正為務」的說法，是講練鶴拳應從三戰開始，端正為其主要目的。然而，初學者會問，端正什麼呢？即練拳時要使頭正、身正、馬正，正練拳的規矩。動作時要求一招一式中規中矩，故三戰又稱為「三正」。另外，三戰還有「三變」的說法，三變是指手變、身變、馬變。變即是指技擊上的變化，也是指拳法的延伸。雖說三戰只有那麼幾個動作，但在拳理拳法上所包含的卻太多了。三戰可謂拳母，母能生子，子能生孫，子子孫孫生生不息，拳法由此可衍生出無盡的變化。

三戰拳法的結構簡單，套路中表現為幾個基礎的動作，每練完一遍前進一步，共進三步，故又有「三進」的說法，這三戰拳法看似至簡至易，卻又至深至奧，不然怎麼會有「一輩子三戰」的說法呢。希望有志於鶴拳的愛好者不要忽略三戰的練習。

八步連中四門由劈竹和千斤勾組成。從實戰的角度講，四門有練習打四個方向的意思，也可以說打四面八方。從另一個角度看，四門是由三戰拳法的左右肢體對稱

相同的發力動作，轉變為左右肢體動作不相同的發力過程，增加了發力難度。

說這麼多，並不是告訴大家八步連有多難，藝無止境，任何拳法想深入都不易，講這些是想提示初學者，不要把八步連的形式簡捷看成膚淺。八步連拳法每動左右對稱重複練習，動作多為雙手齊出，故既能促使練習者動作協調，又能讓身體得到均衡全面的鍛鍊；既稱為鳴鶴拳，拳法自然注重呼吸訓練，並呼氣有聲；呼吸密切配合身體動作，從而達到內外兼修之目的。

另外，八步連拳習練方便，不受器材和場地大小的約束，只要空氣清新，即使是臥牛之地也能完成練習。

八步連拳法由淺入深共分為四套，第一、二套均稱八步連，第一套八步連是以「端正為務」，第二套練習時強調發力，第三套稱化八步，第四套稱五行連環。本節介紹的是第一套八步連。

八步連動作名稱順序如下：

第一段（三戰）

1.預備式；2.請拳；3.十字雙分掌；4.下插箭；5.上步雙分掌；6.朝陽手；7.蟒蛇出洞；8.千里引風；9.美人照鏡；10.朝陽手；11.上步蟒蛇出洞；12.千里引風；13.美人照鏡；14.朝陽手；15.上步蟒蛇出洞；16.千里引風；17.美人照鏡；18.朝陽手。

第二段（劈竹）

19.左劈竹；20.千里引風；21.美人照鏡；22.朝陽手；

23. 右劈竹；24. 千里引風；25. 美人照鏡；26. 朝陽手。

第三段（八仙掌）

27. 蓋掌；28. 搬攔；29. 橫肘丟捶；30. 八仙掌；31. 千里引風；32. 美人照鏡；33. 朝陽手。

第四段（千斤勾）

34. 左千斤勾；35. 右千斤勾。

第五段（收勢）

36. 蝦彈扣；37. 下插箭；38. 雙提頂；39. 退步收勢。

八步連動作分解

第一段（三戰）

1. 預備式

身體直立，兩腳跟併攏，兩手自然下垂於體側，頭正頸直，兩肩平正，寬胸直背，立腰，提肛，收小腹，神鬆意靜，目視前方（圖4－1）。

2. 請　拳

(1) 身體左轉約45度，左腳向後退一步，腳尖向左，屈膝半蹲，重心偏落於左腳。同時，左手成掌右手成拳，收至左腰際。左手掌心向上，右拳成立拳置於左掌上（圖4－2）。

(2) 身體右轉45度，使身體仍正對前方，重心向後

圖4－1　　　　圖4－2

圖4-3

移至左腿，右腳收回半步，前腳掌虛著地成丁字步。同時，兩手向前推出成請拳動作，左掌四指朝上，右拳拳面向上。兩肘向後，距離肋部有一橫拳遠，腕部高出肘部兩公分。目視前方（圖4-3）。

【要點】

請拳又稱抱印，為禮節性動作，既為禮節性動作，在演練時就應注意動作要乾淨，精神要飽滿；更要注意動作的規範，如請拳時小指伸出指向他人，即有蔑視他人之意，拇指蹺起指向自己，有「老子天下第一」的意思，是不禮貌的行為，在請拳中不要出現。另外，各門派的請拳動作各不相同，久而久之成了不同門派的標誌。

本書各拳法中常有重複動作出現，如請拳動作，本書每套拳法中均有，動作相同，但拍照的角度不同，方便讀者從多角度相互參照。

【技擊含意】

武術的主要功能是技擊，一個拳派體系中所圍繞的重點也在技擊，拳法套路練習除了加強手、眼、身、步法，精、氣、神、力、功的「合」之外，更是一本載有技擊原理的無字真經。

這樣說並不是可以讓你拿著套路裡的招式在實戰中生搬硬套，如此無異於照方生病了。透過套路來講技擊，主要是想讓讀者由拳法而明白本拳派技擊原理，再舉一反三，經由訓練達到技擊目的。

　　「習拳先學禮，學武先修德」，從抱印這個技法中我們就能看到武與德在技擊中的結合。在時常發生的打鬥中，少有是因什麼深仇大恨引起的，多是為些不明不白的小事情引發，而打鬥的後果往往卻是沉痛的。如果在發生爭吵之前理智的抱拳賠個笑臉，有可能也就大事化小，小事化了，正所謂退一步海闊天空。

　　倘若對手拳頭已經打過來了，我可退閃一步做抱拳禮；或「他高隨他高，他低隨他低，他左隨他左，他右隨他右……」一邊請拳接住對手來拳，一邊言語化解對方怨恨。這樣的方法較多，舉例：比如對手右拳向我打來，我身略側閃，雙手以抱印動作接住對手來拳。

　　若是對手不知進退仍一味進攻，我則用抱印連消帶打進行還擊。如果對手連續向我打來，我不易招架，在用抱印手法接對手來拳瞬間，左掌向前下方拍按，右拳向前擊打對手。抱拳的用法較多，對手搭我兩肩時，也可用此方法化解，能讓對手知利害，而又不至於難堪，正所謂「先禮後兵」。

3. 十字雙分掌

　　(1) 右腳經左腳內側向右邁半步，左腳再向左進半步，兩腳平行，與肩同寬，成馬步站立。同時，左小臂外旋，左掌向右，右拳成掌向左，兩手心向內，兩腕相交成十字手（圖4-4）；再繼續向前向兩側舒展打開，兩掌與肩同寬，兩掌心向上（圖4-5）。

圖4-4

圖4－5

【要點】

十字手至雙分掌完成，動作之間不能停頓，要沉穩而不匆忙。

【技擊含意】

「十字手法變不盡」。十字手是拳法中運用廣泛的招式，特別是在鶴拳這種講究兩手相互配合，如同上陣父子兵的拳法中表現得尤為突出。十字雙分掌，即兩手順勢分開對方兩臂，打開對手中門。

4. 下插掌

(1) 兩臂鬆肩落肘，兩小臂貼靠兩肋回收（圖4－6）。

(2) 重心下沉成馬步，兩掌掌心向下，向前下方插出（圖4－7）。

【要點】

下插掌動作要迅速，並催氣（催氣即配合呼氣，以氣催力，下面多有提及，不再解釋）發「哈」聲；聲要由丹

圖4－6

圖4－7

田而出。

【技擊含意】

兩手收回插出也有吞基吐箭的作用，吞基是小臂貼靠兩肋回收護肋；吞箭是向前插擊對手。吞基吐箭的實戰用法可參照對練部分。

圖4-8

5. 上步雙分掌

右腳向前上步，左腳跟步，兩腳平行，右腳前進半腳長距離，成右三戰馬。同時，兩掌由下經內，兩臂外旋，向上向兩側分掌，掌心斜向上，兩腕外側與肩等寬（圖4-8）。

【要點】

初學者需注意上步時步法不要邁得太大，以免破壞身形。動作完成瞬間要發寸勁彈抖，併發「哈」聲以氣催力。鶴拳催氣始終要與動作配合，動作快，發聲快；動作慢，而發聲深長。

雙分掌動作完成時兩臂按「三戰手」要求規範，即兩手腕部高出肘部約兩公分，兩肘向中間收靠，兩肘距身體約一橫拳距離。動作完成時勁力要由手至肩至腳底徹底放鬆一遍再做下面動作。

【技擊含意】

對方抓握我兩手腕，未等對方抓好，我迅速外旋彈抖兩臂解開對方抓握（對方抓握好了，我解脫相對較難）。通常一個動作有多種用法，如對方兩隻手抓握我手臂時是這樣用，同樣對方一隻手抓握，我也可一隻手臂這樣應

用。另外，雙分掌還有向外格擋的技擊作用，學者不要過於拘泥這一招一定是這麼用，一定是那麼用，要學法悟理才是。

6. 朝陽手

兩臂緩緩內旋，掌心向前。目視前方（圖4－9）。

【要點】

朝陽手形式雖簡單，卻難以掌握。兩臂內旋時，要沉肩墜肘坐腕，並要手指向上領勁與坐腕稱勁，為「指指朝天」；動作完成時，肩窩、肘窩、腕窩向上，為「井井朝天」，成三戰手要領；身體由含胸拔背轉為展胸立腰；兩膝由包臁馬轉為兩膝略向外撐，兩腳腳趾緊扣地面，全身勁力一開俱開，一合俱合，完整一氣。

動作時要以氣催力，隨動作發出緩慢深長的「呵」聲。動作開始發聲，催氣開始，動作停止，催氣停止。勁要發透，氣要呼透。動作完成，勁力由手到肩至腳底徹底放鬆一遍，呼吸調勻，再做接下來的動作。

圖4－9　　　　　圖4－10

【技擊含意】

沉腕解開對手抓握。

7. 蟒蛇出洞

(1) 重心略下沉。同時，兩手鬆腕下垂，兩掌心向下，掌指斜向兩側，略向回捋帶（圖4－10）。

(2) 右腿不動，左腿漸蹬伸成右弓步。同時，兩掌坐腕（圖4－11），緩緩向前插出，兩掌與兩腳上下相對。目視前方（圖4－12）。

【要點】

兩手向回捋帶時可配合吸氣，身體為沉、為吞，成蓄力狀態。蹬左腿時，右腿膝蓋不可向後回縮；肢體向遠處開展，目光向無限遠處隨視。

動作完成，勁從遠處收回，從手鬆到腳底，目光也隨之回收。動作要以氣催力，呼吸要深長，動作要緩慢，呼氣要呼透，發力要發透。動作緩慢不是故意做作，而是在感受形意氣力合。

圖4－11

圖4－12

圖4-13

【技擊含意】

打開對方門戶後出掌向前插擊。

8. 千里引風

兩手抓握成拳，重心下沉。同時，兩臂外旋屈肘回拉，兩腕內扣，拳心向上（圖4-13）。

【要點】

此動作要配合吸氣。隨動作閉口以鼻吸氣。動作完成時，兩手成三戰手要領，即兩肘向後距身體一橫拳遠，並向內靠攏，兩腕比兩肘高出約兩公分。吸氣時兩手十指要緊抓，兩腳十趾要緊扣；身體吞沉，提腸吊肚，胸骨肋骨有收攏之意，吸氣需吸足。

動作完成後，身體立刻從上向下鬆到腳底，拳鬆握成薑母拳手型，同時調勻氣息。

【技擊含意】

利用重心猛然下沉，兩手拖拉對手使其失勢便於我攻擊。

9. 美人照鏡

兩拳打開成掌，同時，兩手引兩臂略向上、向兩側打開（圖4-14）。

【要點】

此動作短促，催氣發聲也同樣短促。動作完成後，兩手腕部比肘部高出約四五公分。

【技擊含意】

鶴拳講「千變萬化枝接葉」，此式就有這個意思。

10. 朝陽手

兩臂緩緩內旋，掌心向前。目視前方（圖4－15）。

動作及要點與「6.朝陽手」相同。

動作至此，三戰的第一步完成。

【技擊含意】

轉掌後兩手有向前封按之意。

11. 上步蟒蛇出洞

(1) 身體和上肢不動，右腳向前上步，左腳向前跟步，仍舊為朝陽手動作（如圖4－15）。

(2) 重心略下沉。同時，兩手鬆腕下垂，兩掌心向下，掌指斜向兩側，略向回捋帶（圖4－16）。

(3) 右腿不動，左腿漸蹬伸成右弓步。同時，兩掌沉腕，緩緩向前插出，兩掌與兩腳上下相對。目視前方（圖4－17）。

圖4－14　　　　圖4－15　　　　圖4－16　　　　圖4－17

【要點】

手向回捋帶時可配合吸氣，身體為沉、為吞，成蓄力狀態。蹬左腿成弓步時，右腿膝蓋不可向後回縮。肢體意向無限遠處開展，目光打開，意向無限遠處隨視。

動作完成後，勁從遠處收回，從手鬆到腳底，目光也隨之回收。動作要以氣催力，呼吸要深長，動作要緩慢，呼氣要呼透，發力要發透。動作緩慢不是故意做作，而是在體悟形意氣力合。

【技擊含意】

上步是在兩手封住對手的情況下，用犁頭馬向前推按發放對手。

12. 千里引風

動作及要點與「8.千里引風」相同（圖4－18）。

13. 美人照鏡

動作及要點與「9.美人照鏡」相同（圖4－19）。

圖4－18

圖4－19

14. 朝陽手

兩臂緩緩內旋，掌心向前。目視前方（圖4-20）。

動作及要點與「6.朝陽手」相同。

動作至此，三戰的第二步完成。

15. 上步蟒蛇出洞

動作及要點與「11.上步蟒蛇出洞」相同。

圖4-20

16. 千里引風

動作及要點與「8.千里引風」相同。

17. 美人照鏡

動作及要點與「9.美人照鏡」相同。

18. 朝陽手

動作及要點與「6.朝陽手」相同。

動作至此，三戰的第三步完成。八步連是練功的拳，三戰是拳法入門中尤為重要的，平時練習至此，可以繼續向前重複練習，或向後退三步再進三步反覆習練。

第二段（劈竹）

19. 左劈竹

(1) 接上一段朝陽手，左腳向前上步，右腳跟步，左腳比右腳前出半腳長距離，為左三戰步。身體左轉45度，同時，左手掌心向下，右臂外旋，右手掌心向上，兩手隨轉體向左捋帶。目視左前方（圖4-21）。

73

圖4-21　　　　　　　　圖4-22

(2) 左腿不動，右腿緩緩蹬伸，右腳跟外轉約45度，成左弓步。同時，兩掌慢慢向前插出（圖4-22）。

【要點】

轉體時，要做到肩與胯上下對正，不能貪前失後。上步、轉體，身體重心要平穩，兩臂要隨身體轉動而轉動。向前插掌時身體要浮、要吐；身軀要正直，不可前俯後仰。

插掌同時配合發聲以催力，要做到插掌、弓步、發聲、呼氣同時開始，同時結束，勁要放透，氣要呼透。

【技擊含意】

劈竹又名劈抖，劈是劈砍的意思，抖是指在劈著的瞬間要發出宗勁。劈抖是鶴拳中的大手法，之所以說是大手法，是因為其技法多變，實用性強，由此而變異產生的技法也較為豐富。

教我鶴拳的每個老師幾乎對劈竹手法都有著自己的見

74

解或用法，甚至有的老師的劈竹中已經見不到劈了。比如，對手抓我右手腕，我右臂翻壓對手腕關節尺骨側，同時，左手扶對手肘關節處，對手被我反關節擒住，被迫鬆手；此時，我左手繼續按壓對手肘關節，同時，以右掌小指一側向前銼擊對手頸側動脈處。重擊對手頸側動脈有可能導致其休克。

20. 千里引風

「三戰」動作中的千里引風，和這裡的千里引風不完全相同，下肢有個轉腳動作；除動作外，要點與「8.千里引風」相同（圖4－23）。

【技擊含意】

武術講「去如鋼銼，回如鋼鉤」，出手不能空回，千裡引風即有此意。

21. 美人照鏡

要點與「9.美人照鏡」相同，但動作上面還是有差別的（圖4－24）。

圖4－23　　　　　　圖4－24

22. 朝陽手

要點與「6.朝陽手」相同（圖4-25）。

23. 右劈竹

(1) 接上動，右腳向前上步，左腳跟步，右腳比左腳前出半腳長距離，為右三戰步。同時，身體右轉90度，右手轉掌心向下，左臂外旋轉掌心向上，兩手隨轉體向右拊帶。目視右前方（圖4-26）。

(2) 右腿不動，左腿緩緩蹬伸，左腳跟外轉約45度，成右弓步。同時，兩掌慢慢向前插出（圖4-27）。

【要點】

轉體時，要做到肩與胯上下對正，不能貪前失後。上步、轉體，身體重心要平穩，兩臂要隨身體轉動而轉動。向前插掌時身體要浮、要吐；身軀要正直，不可前俯後仰。插掌同時配合發聲以催力，要做到插掌、弓步、發聲呼氣同時開始，同時結束，勁要放透，氣要呼透。

圖4-25　　　　圖4-26　　　　圖4-27

【技擊含意】

身體右轉，兩手向右捋帶對手，待其失勢，將對手向前放出。

24. 千里引風

動作及要點與「20.千里引風」相同，唯方向左右相反（圖4－28）。

25. 美人照鏡

動作及要點與「21.美人照鏡」相同，唯方向左右相反（圖4－29）。

26. 朝陽手

動作及要點與「22.朝陽手」相同，唯方向左右相反（圖4－30）。

圖4－28　　　　　圖4－29　　　　　圖4－30

第三段（八仙掌）

27. 蓋　掌

撐腰轉胯，身體左轉90度，使右肩頭朝前。同時，兩

腳以前腳掌為軸,腳跟向右擰轉約45度,右腿伸展似左弓步。右掌向前蓋壓,左掌收按在右肘內側(圖4-31)。

【要點】

兩腳擰轉時,右腳擰轉的角度可略大於左腳;身體保持端正;兩手雖分前後,但仍保持三戰手要領。

【技擊含意】

出手蓋壓對手來拳。此動作可剛可柔,剛柔用勁不同,效果也不相同。

28. 搬 攔

擰腰轉胯,身體右轉180度,使左肩頭在前。同時,兩腳以前腳掌為軸,腳跟向左擰轉約90度,左腿伸展似右弓步。兩手抓握成拳,左臂外旋,左拳貼右小臂下向前搬攔,拳心向上;右拳經左小臂上回收至左肘內側,拳心向下(圖4-32)。

【要點】

兩腳擰轉時,左腳擰轉的角度可略大於右腳;身體保持穩定;兩臂運行路線呈向內向外交錯的淺弧形。

【技擊含意】

拳諺云:「不高不低左右攔」。此即為順勢搬攔對手來拳。

29. 橫肘丟捶

(1) 兩腳以前腳掌為軸,腳跟右轉約90度,身體左轉180度。同時,左臂內旋,左拳打開成掌,手心向右;右臂隨轉體屈肘向前橫擊至左掌(圖4-33)。

(2) 左腳後退一步,右臂外旋,右拳由內向上、向前

圖4－31

圖4－32

圖4－33

翻打，拳心斜向上，力達拳背（圖4－34）。

(3) 左腳不動，右腳向後回收半步，重心落於左腳成丁字步。同時，右臂內旋，左手成拳，兩拳向下收按至小腹前，腕窩向上。目視前方（圖4－35）。

【要點】

(2) 接(3)動要連貫。蓋掌、搬攔、橫肘的連續三個踾步要輕靈，身體要中正穩定。只有陳世鼎系鳴鶴拳八步連中有蓋掌、搬攔、橫肘丟捶。

圖4－34

圖4－35

【技擊含意】

用橫肘擋開對手來拳，再接丟捶擊打對手。

30. 八仙掌

(1) 右腳向右前方上步，左腳向左前方上步，兩腳尖平齊，兩腳平行與肩等寬，兩腿屈膝下沉成馬步（圖4－36）。

(2) 兩腿蹬伸，兩拳成掌向前摔出，掌心向前，掌指向上；同時發「嗨」聲助力（圖4－37）。

【要點】

兩腳向前上步時，身形要端正、步法要輕靈，周身放鬆。摔掌時發聲要響亮，聲從丹田發出，勿發喉音。鶴拳發力時講求「節節行力」。手臂的勁從根節（上臂）中節（小臂）至尾節（手）節節有力，最後經尾節向前透出。

發力時身法為「吐」為「浮」。動作完成，身體要立刻從上向下鬆到腳底。

圖4－36

圖4－37

【技擊含意】

八仙掌為火手手型，水手的摔勁，故有稱水火手的，也有人稱為軟八仙掌。

31. 千里引風

動作及要點與「8.千里引風」相同（圖4－38）。

32. 美人照鏡

動作及要點與「9.美人照鏡」相同（圖4－39）。

33. 朝陽手

動作及要點與「6.朝陽手」相同（圖4－40）。

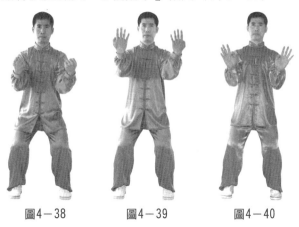

圖4－38　　　　圖4－39　　　　圖4－40

第四段（千斤勾）

34. 左千斤勾

(1) 左腳向前上步，右腳跟步，左腳比右腳前出半腳長為左三戰步；身體左轉45度角，左臂外旋，轉掌心向內，隨身體左轉向左格擋，左右手間距保持不變，動作配合吸氣（圖4－41）。

（2）身體右轉45度，使身體轉回正前方，隨轉體，右臂不動，左小臂內旋，左手成千斤勾手型，轉手指向下，隨轉體，向身體下方插掌，動作完成時左小臂與地面呈水平；同時嘴微開，齒輕扣，以氣催力，配合動作發出深長的「嘶」音（圖4－42）。

（3）左手抓握成拳，身體左轉45度角，右手不動，隨轉體，左小臂外旋，左拳向左提抓格擋，兩手間距離與肩等寬，同時以鼻吸氣（圖4－43）。

（4）身馬不動，左拳略向左上方打開成掌，手心向內（圖4－44）。

（5）身馬不動，左小臂內旋，轉掌心向前成朝陽手式（圖4－45）。

【要點】

轉體時需注意兩腿膝蓋不要內扣形成夾襠，發「嘶」音時齒要輕扣，舌抵上顎，動作和發聲速度要一致。抓拳

圖4－41　　　　圖4－42　　　　圖4－43

圖4－44　　　　　　　　圖4－45

向上提擋時，要用鼻深吸氣，同時手指腳趾要緊抓緊扣，並要提腸吊肚。

【技擊含意】

千斤勾又名扦基，為鳴鶴拳重要技法。實戰中，對手以右拳向我胸部打來，我右手接對手右手腕，左手接對手右肘，身體右轉以搖基的手法（搖基如同太極的平圓雙推手）化除對手來力，右手以千斤勾控制對手來拳，左手扶右肘；順勢以左手推按對手肘關節，右手引掌指向前插擊、並抓扣對手腹部。重力抓扣對手腹部時可能會對其造成嚴重的傷害。聽老一輩拳師說，若抓破腹內脂肪可能致命，故不宜玩笑或輕易使用。

鶴拳中許多技法是擊打對手要害的，平時練習時需注意手法要輕，即使實戰也要謹慎使用。

35. 右千斤勾

(1) 右腳向前上步，左腳跟步，右腳比左腳前出半腳

長為右三戰步；身體右轉90度角，右臂外旋，轉掌心向內，隨身體右轉向右格擋，左右手間距保持不變，動作配合吸氣（圖4－46）。

(2) 身體左轉45度，使身體轉回正前方，隨轉體，左臂不動，右小臂內旋，右手成千斤勾手型，轉手指向下，隨轉體，向身體下方插掌，動作完成時左小臂與地面呈水平；同時以氣催力，配合動作發出深長的「嘶」音（圖4－47）。

(3) 左手不動，右手抓握成拳，身體右轉45度角，隨轉體，右小臂外旋，右拳向右提抓格擋，兩手間距離與肩等寬，同時以鼻吸氣（圖4－48）。

(4) 身馬不動，右拳略向右上方打開成掌，手心向內（圖4－49）。

(5) 身馬不動，右小臂內旋，轉掌心向前成朝陽手式（圖4－50）。

圖4－46　　　　　圖4－47　　　　　圖4－48

圖4－49　　　　　　　　　圖4－50

【要點】

轉體時需注意膝蓋不要內扣形成夾襠，發「嘶」音時齒要輕扣，舌抵上齶，動作和發聲速度要一致。抓拳向上提擋時，要用鼻深吸氣，同時手指腳趾要緊抓緊扣，並要提腸吊肚。

動作完成，要從手至肩至腳底鬆透始做下面動作。左、右千斤勾的動作可以合為一組反覆練習，並且還可做轉角打四門練習。按傳統的練法，練習至此整套八步連便結束了，即可做退步按掌收式了。

【技擊含意】

用千斤勾向下控制對手來拳，接著順勢反擊。

第五段（收勢）

36. 蝦彈扣

(1) 左腳後退一步，右腳隨之後退半步成丁字步。同時，左手向右，右手向左，兩手成十字相搭（圖4－51）。

(2)重心略下沉，兩手成勾，向前頂出，勾尖向內
（圖4-52）。兩手頂出後借慣性，兩臂屈肘回收成三戰手
要領（圖4-53）。

【要點】

動作間不能間斷，要一氣呵成。

【技擊含意】

兩手向內化開對手的雙推掌，並順勢用雙勾手向前反
擊。

圖4-51　　　　圖4-52　　　　圖4-53

37. 下插箭

(1) 右腳向右後方退半步，左腳向左後方退步，兩腳
平行與肩等寬，兩腿屈膝下蹲成馬步。同時，兩小臂外旋
轉掌心向上，兩肘貼靠兩肋回收（圖4-54）。

(2) 重心下沉，兩臂內旋轉兩掌心向下，向前下方插
出（圖4-55）。

【要點】

插掌要迅速，同時以氣催力，發短促的「哈」音。

【技擊含意】

對方雙手抓我一條手臂，我先屈肘收臂挑腕，解開對方雙腕的抓握，再順勢借力前插對手腹部。

38. 雙提頂

兩腿蹬伸，同時兩手屈腕成勾向前上方提頂（圖4－56）。

【要點】

兩臂上提時要節節行力，並發出鶴鳴聲。

【技擊含意】

雙手向上頂開對手來拳，頂手在五行手法中屬金手。

圖4－54　　　　圖4－55　　　　圖4－56

39. 收　式

(1) 左腳後退一步，右腳隨之向後與左腳併攏。同時，兩手抓握成拳，兩臂外旋轉拳心向上，屈肘回收兩拳抱於身體兩側（圖4－57）。

圖4-57   圖4-58

(2) 兩拳成掌轉掌心向內貼身體兩側下落（圖4-58）。

【要點】

　整套拳法練完勿匆匆忙忙離去，要周身放鬆一遍後，或接著練拳，或緩緩行走一會，以使心平氣和。

第二節　二十八步

　鳴鶴拳的套路常以步的數量命名，如「八步連」，有八步；後面要講的對練套路「五步交」，有五步。「步」有招數或步數的意思，二十八步顧名思義是要走二十八步，或者說是二十八招。

　這裡介紹的二十八步拳法，除去開頭結尾增加了部分動作外，中間只有四段，也就是從第二段第一動揉身靠基起至第六段第一動轉身虎踞止，每段大體七步。

也有人稱這套拳法為「二十八宿」的，阮東老師說這套拳法的名稱合天上的二十八星宿，只是把相應動作名稱忘記了，也不知現在是否還有人記得。

這套拳法還有一個名稱叫「二十八羅漢」，甚至有的人直接稱其為羅漢拳，據傳是鳴鶴拳祖師謝宗祥兼擅羅漢拳，從羅漢拳中吸收了這套拳法加以改革而成，然無論如何，二十八步經歷數代傳承已成為鳴鶴拳中主要拳法。

二十八步動作名稱順序如下：

第一段

1.預備式；2.輕步跳；3.獅子滾球；4.抱印。

第二段

5.揉身靠基；6.彎弓射月；7.力劈華山；8.扭袖連珠；9.白鶴纏頸；10.魁星踢斗 11.橫肘丟捶 12.補捶；13.掩肘雙打棗；14.虎踞；15.撥掌劈打；16.攔掌連珠捶；17.左右日月腳；18.角步雙打棗；19.虎踞；20.跪步栽捶；21.力提千斤；22.補捶；23.掩肘雙打棗。

第三段

24.轉身鈸掌；25.霸王敬酒；26.搖身封攔；27.褪皮腿；28.分掌撞膝；29.雙基雙箭；30.左鈸掌；31.右鈸掌；32.再鈸掌。

第四段

33.撥草尋蛇；34.仙鶴戲水；35.左搖身雙劈打；36.連環箭 37.右搖身雙劈打；38.連環箭；39.白虎過江；40.雙劈打；41.搖身日月腳；42.指下打上。

第五段

43.扣抓三打槖；44.右格肘單珠；45.右左掩肘攔踢；46.左丟捶；47.左右掩肘攔踢；48.右丟捶；49.左格肘單珠；50.右格肘單珠；51.上步雙珠。

第六段

52.轉身虎踞；53.抱掌撤步腳；54.躍步八仙掌；55.脫搭朝陽手；56.趕箭；57.開翅；58.野鶴歸巢；59.狸貓伺鼠；60.振翅；61.野鶴歸巢；62.雙插掌；63.雙提頂；64.獅子滾球；65.收式。

二十八步動作分解

第一段

1. 預備式

身體直立，兩腳跟併攏，兩手自然下垂於體側，頭正頸直，兩肩平正，寬胸直背，立腰，提肛，收小腹，神鬆意靜，目視前方（圖4－59）。

2. 輕步跳

(1) 兩臂自然垂於身體兩側，右腿屈膝上提（圖4－60）。

(2) 右腳向前落地，左腳向臀部提起（圖4－61）。

(3) 左腳向前落地，右腳向臀部提起（圖4－62）。

(4) 右腳落地與左腳平行站立（圖4－63）。

【要點】

輕步跳只是單純的腳上動作，因動作過程中腳起即落，一落即起，輕步跳躍故稱。

動作看似簡單卻暗藏著腿法和步法。

【技擊含意】

腳向臀部提起有避開對方踢我小腿的作用，同時也有跪膝還擊對手的作用。

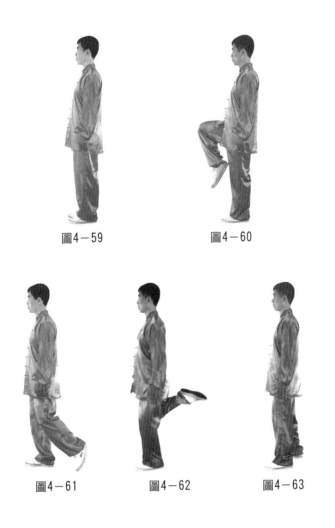

圖4－59　　　　　　　圖4－60

圖4－61　　　　圖4－62　　　　圖4－63

3. 獅子滾球

(1) 兩腿微屈，兩掌貼身體兩側上提，並漸轉掌心向上（圖4－64）。

(2) 兩小臂內旋，兩手貼靠身體兩側，邊轉掌邊下按，至按掌完成瞬間，突然加速按掌。同時，身體左轉90度角，兩腿蹬地躍起（圖4－65）。

(3) 身體下落時，擰腰轉胯，落地成馬步，身體右轉約45度。同時，兩手右上左下置於身體右側，掌心相對成抱掌（圖4－66）。

(4) 右腳經左腳向後撤步，左手經左向上，右手經右向下，兩手掌心相對抱轉（圖4－67）。

(5) 左腳向後一步成半馬步，身體略左轉，右臂略向左；左小臂外旋，左手向後經右肘下向右，兩手心向上（圖4－68）。

(6) 右手貼左臂向上、繼續經左向後回抽，再轉掌心

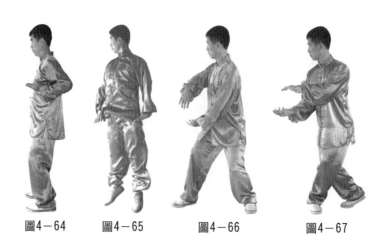

圖4－64　　　圖4－65　　　圖4－66　　　圖4－67

向下，由右向前擺出並抓握成拳；同時，左手經右臂下前穿，再轉掌心向下向回抓握成拳置於胸前，兩拳面向上（圖4－69）。

【要點】

動作(3)至動作(6)間兩手動作要圓活連貫，要由搖身來完成，動作不能出現棱角。動作(6)完成時右拳與右腳上下的位置相對，右手要成三戰手要領。

【技擊含意】

邊撤步邊化解對手來拳。

4. 抱　印

(1) 重心後移，兩手左手成掌右手成拳，收至左腰際。左掌心向上，右拳成立拳置於左掌上（圖4－70）。

(2) 身體右轉45度，使身體仍向前方，重心向後移至左腿，右腳收回半步，前腳掌虛著地成丁字步。同時，兩手向前推出成請拳動作，左掌四指朝上，右拳拳面向上；

圖4－68　　　　圖4－69　　　　圖4－70

兩肘距離肋部有一橫拳遠；腕部高出肘部有兩公分。目視前方（圖4－71）。

【要點】

要點與第一套八步連請拳相同。從預備式到請拳動作同中匡雷同，但拍攝的角度不同，可相互參考。

第二段

5. 搖身三打掌出基

(1) 右腳經左腳內側向右開半步，左腳再向左開半步，兩腳平行與肩同寬成高馬步站立。同時，左小臂外旋，左掌向右，右拳成掌向左，兩手心向後，兩腕相交成十字手（圖4－72）；再繼續向前向兩側舒展打開，兩掌與肩同寬，兩掌心向上（圖4－73）；兩臂貼肋回收，兩掌置於兩肋（圖4－74）。

(2) 兩臂內旋，兩掌向下撐按，轉掌心向下。同時，

圖4－71　　　　圖4－72　　　　圖4－73

左腳蹬地躍起，右腿屈膝上提（圖4-75）。

(3) 左、右腳先後落地，兩腳落地後立即躍起，左腳經右腳向前落步，隨後右腳經左腳向前落步，身體重心下沉，重心前腳四分，後腳六分，成四六步。隨躍步同時，左掌拍打右胸，右掌拍打左胸，左掌再拍右胸，交替做三次拍打。兩腳落步，右掌拍打完畢後抓握成拳，手腕內扣，向前靠壓，拳心斜向內上；左拳拍打後隨之坐腕按壓在右肘內側，拳面向上。目光前視（圖4-76）。

【要點】

手上動作與躍步同時開始同時完成。

【技擊含意】

三打掌為拍開對手向我胸部擊來之拳。鶴拳師切磋技藝時先與對手兩小臂相靠，稱為靠基，之後即可沾連黏隨來控制對手，又可發放或脫手擊打對手來一較高低。這裡的出基即是出手靠基的意思。

圖4-74　　　　圖4-75　　　　圖4-76

6. 彎弓射月

(1) 身體右轉；左腳向左前方約45度角上步，成四六步重心；左臂外旋向上撩起，掌心向上（圖4－77）。

高度過肩時，臂內旋，屈肘向內按壓，掌心向下；右臂下落於體側，臂外旋向上撩起，掌心向上（圖4－78）。

(2) 步型不變，身體略後仰；右臂內旋，繞至左臂上抓握成拳，屈肘回拉置於胸口下方，拳面向上；左手抓握成拳，臂內旋，以小臂尺骨一側向上提架（圖4－79）。

【要點】

動作(1)左手上撩時，右臂下落；左臂屈肘按壓時，右掌向上撩起。動作(2)身體後仰時頭不可後仰；兩臂提架與回拉的動作勢如開弓。

【技擊含意】

身體後仰為身法中的「醉身」，可拉開對手擊打我的距離；但向上提架的手臂要向前送，能起到既可防又可打

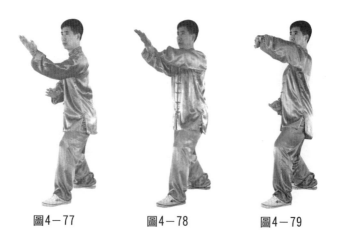

圖4－77　　　　圖4－78　　　　圖4－79

的作用。

7. 力劈華山

右臂上挑內旋，屈肘向右耳側提掛（圖4-80及4-80附圖）。身體左轉，右腿蹬伸成左弓步。同時，右臂外旋向下劈打，力達小臂尺骨及拳輪；左臂處旋拳成八字掌，接下劈之右拳，並隨之下落（圖4-81）。

【要點】

左掌接右拳下劈時要順勢接，不可逆向硬接以免傷手。隨右拳下劈要開聲助力。

【技擊含意】

一手接對手來拳，另一手劈打對手肘部反關節。

8. 扭袖連珠

(1) 兩腳蹬地，右腳向前、左腳向後跳步成四六步。兩手成掌向兩側分開再向中間扣抓成拳，左手在上，右手在下（圖4-82）。

圖4-80　　圖4-80附圖　　圖4-81　　圖4-82

(2) 身體略左轉，左腿蹬伸成右弓步。同時，左手略向下沉，右手成單珠拳手型，經左拳上方向前打出（圖4－83）。

(3) 身體略右轉；右拳回收，左手成單珠拳，經右拳上方向前打出（圖4－84）。

【要點】

動作(1)跳步後兩腳的步型方向與「搖身三打掌出基」完成時方向一致；跳步時兩腳要擦靠地面，不可高躍。

【技擊含意】

我與對方交手時，我一手扭抓對手衣袖，控制對手，另一手同時擊打對手。扭袖的作用近似抓腕，但扭袖與抓腕形式不同所帶來的效果也不相同，有興趣不妨一試。

9. 白鶴纏頸

身體左轉，右腳經左腳向後撤步，前腳掌著地，右膝蓋靠左腿膝窩成歇步。同時，兩拳成掌，右手從左手下方

圖4－83

圖4－84

98

向左向前向外撥掌，左手經右臂上方向右向後收於右肘內側，兩掌心向下（圖4－85）。

【要點】

身形要穩，不可前俯後仰。

【技擊含意】

對手抓我手臂，我由小臂纏繞對手腕部解開。

10. 魁星踢斗

重心移向前腳。左腿微屈，右腿向上直擺踢出成正踢腿。目視前方（圖4－86）。

【要點】

踢腿完成瞬間要突然加速，並要勾起腳尖。這裡的正踢腿也可以用彈踢或正蹬腿代替。

【技擊含意】

與對手迎面近身時，我起腳踢對手後腦。

圖4－85

圖4－86

11. 橫肘丟捶

(1) 右腳向前落地成四六步,同時右臂屈肘向前橫擺,左掌轉掌心向右附於右小臂近肘彎處(圖4-87)。

(2) 身體右轉,右拳以右肘關節為軸,由下方經左臂內側,從口前向前打出,力達拳背(圖4-88)。

【要點】

動作(2)打出的拳是反背拳,鶴拳稱之為丟捶,意為向外拋出,故打拳時手臂不可僵硬。

【技擊含意】

對手出拳擊我心窩,我右臂屈肘向內靠開對手來拳,同時抬左手上護。緊接著,我左手向前下拍按對手手臂,右拳同時翻至左臂上,向前打出反背拳。也可順對手手臂內側向上翻打,技術上各有優劣。

橫肘實際上就是單蝙蝠手;丟捶就是把拳丟出去的意思,由這個丟字,我們可以想像這個拳所打出去的勁是什麼樣的。

圖4-87

圖4-88

12. 補　捶

身體右轉。左腿蹬伸，右腿前弓成右弓步。右臂沉肩、墜肘、扣腕回收成三戰手要領，左手握成單珠拳向前擊打（圖4-89）。

【要點】

右臂雖有屈收，但勁不後縮，仍有向前靠壓之勢。

【技擊含意】

見對手有空檔，立即補上一捶，所謂「得機得勢，見空即補」。

13. 掩肘雙打棗

(1) 身體左轉，重心後移，兩腿屈膝成馬步。同時，兩臂屈肘回收，兩小臂豎起，兩拳高同肩齊，隨轉體左擺（圖4-90）。

(2) 身體右轉，兩臂下壓。左腿蹬伸，右腿前弓成右弓步。兩拳成單珠手型向前打出，拳打出時配合開聲助力。目視前方（圖4-91）。

圖4-89　　　　　圖4-90　　　　　圖4-91

圖4-92

【要點】

動作要配合發聲助力勁向遠送，勁意應遠於形。

【技擊含意】

對手出拳擊我中盤，我身體左轉，兩臂屈肘向內格擋，化除對手來力。緊接著身體右轉，兩拳向前擊打對手胸部。兩臂屈肘向內格擋時為吞沉，出拳時為吐浮，這一吞沉一吐浮，是透過身體的搖轉完成，肢體都走了一個圓，整個動作沒有棱角，一化即發。雙拳的力量大於單拳，故殺傷力強。

14. 虎　踞

左腿屈膝，身體左轉，重心後移成四六步。兩臂順前勢，右臂外旋，左臂內旋屈肘回收，右拳心向內上方，右臂成三戰手要領，有向前靠壓之意；左拳面向上，左臂收於右肘內側，有向前推按之意（圖4-92）。

【要點】

虎踞為鶴拳基手中靠基動作，前臂意在靠對手腕部，後手意在扶按對手肘部。從動作「11.橫肘丟捶」至此式要連貫一氣完成。

【技擊含意】

靠基後雙方按自身條件，有力者直取快進，無力者虛實巧打。

15. 撥掌劈打

(1) 左腳向左前方上步成四六步。同時，左手向前向外撥掌，撥掌瞬間手臂盡力內旋；右拳自然收按於腹前（圖4－93）。

(2) 右臂屈肘向上提掛至右耳側（圖4－94）。身體左轉，右腿蹬伸，成左弓步。同時，右拳成掌向前下方劈打，至左手時，左臂外旋轉掌心向上接右臂，並順勢隨右手下落（圖4－95）。

【要點】

向前劈打時身體宜正，不能前俯；左手接右臂時不可逆向上接；右手要力達掌沿及小臂尺骨側。

【技擊含意】

撥開對手來拳，劈打對手肩井穴。

16. 攔掌連珠

(1) 身體右轉90度，右腳向右前方上步，成四六步。同時，左手向右上方攔掌，攔掌時手臂盡力外旋；右手成

| 圖4－93 | 圖4－94 | 圖4－95 |

拳收於胸前（圖4－96）。

(2)體略左轉，左腿蹬伸右腿成右弓步。同時，左臂內旋轉掌心向右下方，沉肘坐腕下按；右手成單珠拳經左手腕上向前打出（圖4－97）。

(3) 身體略右轉，左手成單珠拳經右手腕上方向前打出；右手自然回收（圖4－98）。

(4) 身體略左轉，右手單珠拳經左手腕上方向前打出；左手自然回收至右肘下方（圖4－99）。

【要點】

連珠就是連還擊打的意思。出拳時宜開口催氣，不要閉氣。

【技擊含意】

機不可失，若得機得勢，要連貫出拳以取得勝利。

17. 左右日月腳

(1) 右腿蹬地躍起，左腿屈膝上提向前踢出。同時，

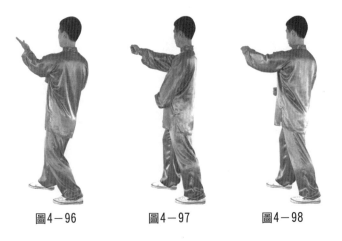

圖4－96　　　　圖4－97　　　　圖4－98

圖4-99　　　　圖4-100　　　　圖4-101

兩臂屈肘回收（圖4-100）。

(2) 右腳先落地，身體左轉90度，左腳向左前方落步，右腿屈膝上提向前踢出，同時左腿蹬地躍起（圖4-101）。

【要點】

動作要輕靈，身形要穩，出腿要快，力要達腳背。

【技擊含意】

機動靈活的變轉角度，踢擊從不同方位向我進攻的對手。

18. 角步雙打棄

(1) 左腳先落地，身體右轉90度，右腳向右前方落步，左腳跟步成四六步（圖4-102）。

圖4-102

(2) 左腿蹬伸，右腿前弓成右弓步。同時，兩手成單珠拳向前擊出（圖4－103）。

【要點】

動作(1)為動作(2)的過渡動作，是動作(2)的蓄力過程。發力時宜開口催氣。

【技擊含意】

先下手為強，有機會要大膽出擊。

19. 虎　踞

左腳向後退步，右腳跟步，身體左轉，重心下沉成四六步。同時，兩臂屈肘回收，右腕內扣，拳心斜向上，成三戰手要領；左手成薑母拳手型置於右肘內側。目視右手前方（圖4－104）。

【要點】

是凡虎踞動作都會略做停頓，但要做到形斷意相連。

【技擊含意】

靠基，也有稱為靠機，是強調在相靠時找到機會來控

圖4－103　　　　　　圖4－104

制對手打擊對手。

20. 跪步栽捶

(1) 上肢不動，重心移至右腳，左腳提起至右腳踝上方。重心下沉，左腳在右腳內側震腳下落（圖4－105）。

(2) 兩腳蹬地躍起下落，左腿屈膝全蹲，右腿屈曲，右小腿內側及腳踝內側著地。同時，左小臂橫架於臉前，高度略低於眼；右臂內旋，右手成拳，經胸前順身體中線下擊（圖4－106及4－106附圖）。

【要點】

動作完成時，胸面部方向與起勢方向同；左腳與右膝前後位置平齊。躍起要高，落地要穩，周身勁要整。

【技擊含意】

用於防備用膝跪擊或用地趟打法攻我的對手，並出拳向下擊打。

21. 力提千斤

兩腿再次蹬地躍起，右腳向前，左腳向後同時下落，

圖4－105　　圖4－106　　圖4－106附圖

身體左轉，重心下沉成四六步。右拳上勾，拳面向上；左拳下按至右肘內側（圖4－107）。

【要點】

左拳下按，右拳上勾與落步成馬勁力要合，動作要一起完成。

【技擊含意】

向上提掛豁打對手，有硬打硬進無遮攔之勢。

22. 補　捶

身體右轉。左腿蹬伸，右腿前弓成右弓步。右臂沉肩、墜肘、沉腕回收成三戰手要領，左手握成單珠拳向前擊打（圖4－108）。

【要點】

右臂雖有回收，但勁不後縮，仍有向前靠壓之勢。

【技擊含意】

一臂靠壓封住對手，另一拳迅速擊打。

圖4－107　　　　　　　圖4－108

23. 掩肘雙打槳

(1) 身體左轉,重心後移,兩腿屈膝成馬步。同時,兩臂屈肘回收,兩小臂豎起,兩拳高同肩齊,隨轉體左擺(圖4-109)。

(2) 身體右轉,兩臂下壓。左腿蹬伸,右腿前弓成右弓步。兩拳成單珠手型向前打出,拳打出時配合開聲助力。目視前方(圖4-110)。

(3) 身體左轉,左腿屈膝,重心後移成四六步。兩臂順前勢,右臂外旋,左臂內旋屈肘回收,右拳心向內上方,右臂成三戰手要領,有向前靠壓之意;左拳面向上,左臂收於右肘內側,有向前推按之意(圖4-111)。

【要點】

動作(3)為「虎踞」,是借「掩肘雙打槳」餘勢所成,故可與掩肘雙打槳合二為一。

【技擊含意】

靠基動作如同散打前的預備動作,又如同太極推手較

圖4-109

圖4-110

圖4-111

量前雙方的搭手動作。

第三段

24. 轉身鈸掌

(1) 身體右轉，胸部朝向與起勢動作同。右臂內旋上提，掌心向下；左臂外旋，轉掌心向上，下沉向前與右掌心相對，兩手方向與右腳一致（圖4-112）。

(2) 右腳擺向左前方扣腳上步，身體隨步左轉約90度。同時，左小臂內旋，經左向上，轉掌心向下；右小臂外旋經右向下，轉掌心向上，成左上右下的抱掌（圖4-113）。

(3) 身體繼續左轉，左腳轉腳尖向前成三七步。同時，左小臂外旋，經左向下，轉掌心向上；右小臂內旋經右向上，轉掌心向下，兩掌成拳右上左下，拳心相對，兩手方向與左腳一致（圖4-114）。

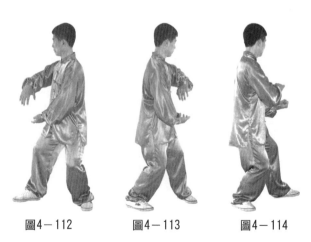

圖4-112　　　　圖4-113　　　　圖4-114

(4) 右腿蹬伸左腿前弓成左弓步。同時，兩掌心相對向前插出，力達指尖。目視前方（圖4-115）。

【要點】

抱掌轉身的過程身要搖、手要轉，動作圓活流暢為要；插掌時身要宗、勁要透，要開口以氣催力。

【技擊含意】

搖為化勁，宗為發勁。兩手壓封住對手來拳向前擊打。

25. 霸王敬酒

(1) 身體右轉，右腳向右前方上步。左臂內旋，左手成拳按壓於腹前；右手上擺至頭部高度時，抓握成拳，隨身體重心下沉，臂外旋扣腕，屈肘回拉（圖4-116）。

(2) 左腿蹬伸成右弓步。右拳成鶴爪，腕後揚，亮出掌根向前上方托擊（圖4-117）。

【要點】

右臂屈肘回拉扣腕與向上托擊揚腕動作，腕部要按逆

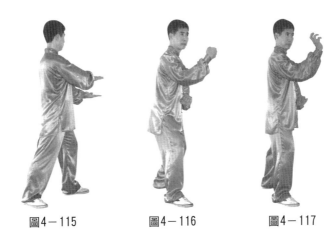

圖4-115　　　　圖4-116　　　　圖4-117

111

時針方向繞一周。向下托擊要用暗勁。

【技擊含意】

實戰中，我抓住對手頭髮後，重心下沉，同時沉肩墜肘旋腕，對方必然疼痛難忍被我掌控。如果對手掙脫，頭向後仰，我則迅速用掌根向上托擊對手下頦。

傳統武術的技擊是用來防身克敵的，而不是為了擂臺競賽，故以制服或消滅對手為目的，可以抓髮，可以牙咬，不擇手段。

26. 搖身封攔

(1) 身體右轉，右手成拳扣抓於腹前；左拳成掌下落於體側，臂外旋向右上方撩掌（圖4-118）。

(2) 身體左轉，左臂內旋，左掌成拳扣抓於腹前；右拳成掌下落於體側，臂外旋向左上方撩掌（圖4-119）。

(3) 身體右轉，右臂內旋，右掌成拳按壓於腹前；左拳成掌下落於體側，臂外旋向右上方撩起（圖4-120）。

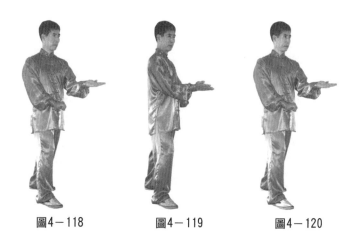

圖4-118　　　　圖4-119　　　　圖4-120

【要點】

要用身體的搖轉來帶動掌的撩起。三個撩掌要一環接一環連貫完成。因為動作快速連貫的需要，手下按時也可不必成拳。

【技擊含意】

撩掌拍開對手向我的攻擊。

27. 褪皮腿

身體重心移向右腿，左腿屈膝上提，腳尖外擺向前下方踩出。同時，左臂內旋，左掌成拳與右拳同時向回抓捋。目視前方（圖4－121）。

【要點】

踩腿同時重心要略向下沉。

【技擊含意】

我腳順對方小腿迎面骨下踩，通常會令其迎面骨被踩處皮膚破損，故稱「褪皮腿」。

28. 白鶴亮翅

(1) 身體轉正，面向正前方，左腳向正前方落步，兩小臂外旋，兩拳成掌，以肘關節為軸，向下劃弧，兩掌心向上（圖4－122）；再兩小臂內旋，向上、向內再向下劃弧一圈，成兩

圖4－121　　　　圖4－122

掌心向下（圖4－123）。

(2) 緊接著，左腿蹬地躍起，右腿屈膝上提。同時，兩臂繼續向下、向兩側上提，兩手成勾。目前視（圖4－124及圖4－124附圖）。

【要點】

(1) (2)是個連續無間斷的動作。這裡的白鶴亮翅也可練做分掌撞膝。

【技擊含意】

纏繞勾掛開對手的兩臂，提膝撞擊對手。

圖4－123　　　　　　圖4－124　　　　　　圖4－124附圖

29. 雙基雙箭

(1) 右腳向前落步成三七步。同時，兩手成拳收按至小腹前（圖4－125）。

(2) 左腿蹬伸，右腿前弓成右弓步。同時，兩拳成掌向前插出，兩掌心相對（圖4－126）。

【要點】

周身勁整，兩臂要節節行力，最後力透指尖。

【技擊含意】

按壓化開對手推按，立即出雙箭進擊對手。

30. 左鈸掌

(1) 身體左轉45度，重心移向右腿，左腳向左前方上步成丁字步。兩掌抓握成拳，兩臂屈肘回收，左臂外旋轉拳心向上，置於左腿上方；右臂內旋轉拳心向下置于左拳上方，兩拳心相對（圖4－127）。

(2) 左腳向前上步，右腿蹬伸，屈左腿成左弓步。同時，兩拳成掌，兩掌心相對向前插出（圖128）。

31. 右鈸掌

(1) 身體右轉90度，重心移向左腿，右腳向右前方上步成丁字步。同時，兩掌成拳屈肘回收，右臂外旋經右向下，轉拳心向上置於右腿上方；左臂內旋，經左向上置於

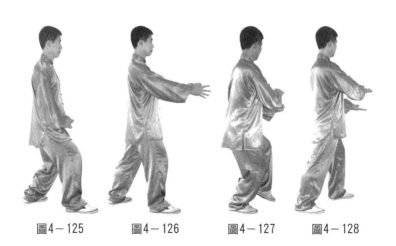

圖4－125　　圖4－126　　圖4－127　　圖4－128

右拳上方,兩拳心相對（圖4－129）。

(2) 右腳向前上步,左腿蹬伸,右腿前弓成右弓步。同時,兩拳成掌,兩掌心相對向前插出（圖4－130）。

32. 再鈸掌

(1) 身體左轉45度,重心移向右腿,左腳向前上步成丁字步。同時,兩掌成拳,兩臂屈肘回收,左臂外旋經左向下,置於左腿上方,拳心向上;右臂內旋經右向上置於左拳上方,拳心向下,兩拳心相對（圖4－131）。

(2) 左腳向前上步,右腿蹬伸,屈左腿成左弓步。同時,兩拳成掌,兩掌心相對向前插出（圖4－132）。

【要點】

鈸掌是鶴拳中主要手法之一,或稱鈸箭。通常的練法是出掌時兩掌根相對,兩掌心向前。兩掌抓握成拳屈肘回收也是一種特殊用法,通常練習與運用屈肘回收時仍然是掌。三個鈸掌的要點大體相同。演練時要求三個鈸掌要連

圖4－129　　　圖4－130　　　圖4－131　　　圖4－132

貫而不含糊。

【技擊含意】

鈸掌的稱呼是演練時因兩掌心或兩掌根相對如同打擊樂器中的鈸，鈸掌又稱鈸手或羅漢掌，也是鶴拳中的重要手法。如實戰中，我兩掌心相對向回捋抓對手，對手若回撤或前撲，我在下方的手鬆開變掌貼對手手臂下方向前插擊對手腋窩；也可以用上面的手插擊對手咽喉。是用上面手插擊，還是下面手插擊，都要乘勢借力。腋下是神經比較密集之處，如受重擊手臂會麻木不靈。

第四段

33. 撥草尋蛇

(1) 左腳向右前方扣腳上步，右腳向右後方轉腳，身隨步右轉近125度角，重心下沉成三七步。同時，左臂內旋，左手成拳收按到腹前；右臂不動，隨轉體向右撥按，掌指斜向右前下方
（圖4－133）。

(2) 身體略右轉，左腿蹬伸右腿前屈成右弓步。右手抓握成拳向下按壓；左拳成掌下落體側，隨左腿蹬伸轉掌心朝上，向上撩掌（圖4－134）。

圖4－133　　　圖4－134

【要點】

動作完成肩與胯上下對正。凡鶴拳法中要點多參照三戰要點。

【技擊含意】

轉身一手撥開對手來拳，另一手撩擊對手襠部。

34. 仙鶴戲水

(1) 扣右腳，身體左轉90度角，左腳向左前方上步，成左三七步。左臂內旋轉掌心向下，隨轉體向左撥按，掌指向左前下方（圖4－135）。

(2) 身體略左轉，右腿蹬伸，左腿前屈成左弓步。左手抓握成拳向下按壓；右拳成掌下落體側，隨右腿蹬伸轉掌心朝上，向上撩托（圖4－136）。

【要點】

動作完成後肩與胯上下對正。仙鶴戲水也即撥草尋蛇。

圖4－135   圖4－136

【技擊含意】

對手抓我手腕，我旋臂纏繞撥按化開，按對方腕部；另一手上撩托擊對手肘關節。

35. 右搖身雙劈打

(1) 身體右轉近90度，右腳向右前方上步。同時，右手以腕為軸，逆時針繞轉一周，左手以腕為軸順時針繞轉一周抓握成拳向上提起，右拳高於肩約三公分，左拳在後近右肘位置，兩手腕內扣，兩拳眼向上（圖4－137）。

(2) 兩腿屈曲，重心下沉成四六步，兩臂沉肩墜肘向下劈打，力達小臂尺骨側（圖4－138）。

【要點】

做動作(1)時，手的順逆繞轉是配合搖身和宗身完成，沒有老師指點不易掌握，故初學者只需直接把拳向上提起即可。

【技擊含意】

這是一組高來提架，低來劈壓的招式。

圖4－137　　　　　　圖4－138

36. 連環箭

(1) 身體右轉，左腿蹬伸成右弓步。左拳成掌，左掌從右腕上向前插出，高與肋齊，力達指尖；右手收在左肘處（圖4-139）。

(2) 身體左轉，右拳成掌經左手腕上方向前插出，高與肋齊，力達指尖；左掌收在右肘處（圖4-140）。

【要點】

身體轉動不要過大。掌要連續插出，並且動作要到位，不能因連貫而使動作忙亂。

【技擊含意】

打開對手門戶後，快速連續擊打對手。

37. 左搖身雙劈打

(1) 身體左轉近90度，左腳向左前方上步。同時，左臂以肘為軸，順時針繞轉一周，右臂以肘為軸逆時針繞轉一周，兩手抓握成拳向上提擋，左拳高於肩約三公分，右

圖4-139

圖4-140

拳在後近左肘位置，兩手腕內扣成立拳（圖4－141）。

(2) 重心下沉成四六步，兩臂沉肩、墜肘、屈臂向下劈打，力達小臂尺骨側及拳輪（圖4－142）。

【要點】

要點可參照「右搖身雙劈打」。鶴拳要節節行力，故可以腕為軸繞轉，也可以肘為軸繞轉。

【技擊含意】

搖解開對手向我上盤的擊打；對手攻我下盤，我迅速向下劈打。

38. 連環箭

(1) 身體左轉，右腿蹬伸成左弓步。右拳成掌，右掌從左腕下方向前插出，高與肋齊，力達掌指尖；左拳收在右肘處（圖4－143）。

(2) 身體右轉，左拳成掌，經右手腕下方向前插出，高與肋齊，力達指尖；右掌收於左肘處（圖4－144）。

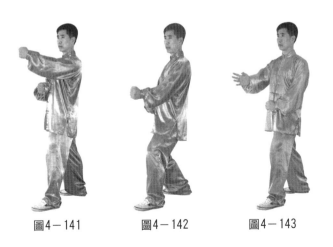

圖4－141　　　　圖4－142　　　　圖4－143

【要點】

掌從腕上插出與腕下插出各俱其妙。要點與「36.連環箭」相同。

【技擊含意】

我出箭時，對手下壓按我手，我則從對方手上出箭；對手若挑掛，我則從臂下出箭。

39. 白虎過江

身體右轉近90度，右腳向右前方上步，左腿蹬伸成右弓步。同時，左掌經右臂上方向右撥按，掌心朝右，掌指向上；右手成剪刀指從左臂下方向前插出，手心朝下，力達指尖，左手置於右肘內側。目視右指前方（圖4－145）。

【要點】

向前插指意在攻擊對手雙目，故動作宜快速敏捷，卻不宜剛猛。

圖4－144

圖4－145

【技擊含意】

撥按開對手來拳，點擊對手雙目。插擊對手要準、要快。眼睛進一粒沙已經難以忍受，更何況手指的點擊，足以讓對手疼痛難忍，一時失去監察之明。

40. 雙劈打

(1) 兩手以腕為軸，左順右逆交替繞轉一周，抓握成拳向上提擋，拳眼向上，右手高於肩三公分，左手近右肘內側（圖4－146）。

(2) 重心下沉成四六步。同時，兩臂沉肩、墜肘、坐腕、屈臂向下劈打，力達小臂尺骨側及拳輪（圖4－147）。

【要點】

初學者可不必兩手以腕為軸繞轉。白虎過江要與雙劈打一氣完成。

41. 搖身日月腳

(1) 身體略右轉，兩拳成掌，右臂內旋轉掌心向下，

圖4－146　　　　圖4－147　　　　圖4－148

左臂外旋轉掌心向上，兩掌心相對成抱掌（圖4－148）。

(2) 右腳略提向內扣落步，身體左轉，左腳向左前方上步。同時，右臂外旋，經右向下轉掌心向上；左臂內旋經左向上，仍為抱掌（圖4－149）。

右臂內旋經右向上，往左下方按掌，掌心向下；左臂外旋經左向下往前穿掌，掌心朝上，兩臂右臂在上左臂在下成交叉手（圖4－150）。

(3) 兩腿蹬地躍起，右腿先屈後伸向前彈踢。同時，左臂內旋，兩臂向兩側分開，兩手指分別指向兩側前下方（圖4－151）。

【要點】

凡手上要點多參照三戰手領悟。名為日月腳，即此腿法可做成彈箭腿法。鶴拳套路中步法方向較為簡單，一是向正前方或正後方上步，另外是向左前方或右前方45度角上步。這個動作完成後朝向左前方45度角。

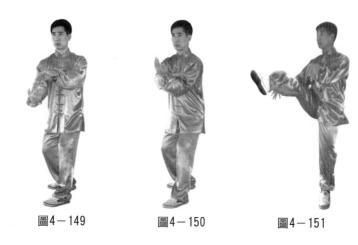

圖4－149　　　　圖4－150　　　　圖4－151

【技擊含意】

搭住對手兩臂，起腿踢對手襠部。搭對手兩臂，要起到控制對手的作用。

42. 指下打上

(1) 左腳落地，身體向右轉約45度，右腳向前落步成四六步。右臂外旋轉掌心向上，身體左轉約45度，右掌向前下方插掌，左手掌心向下附於右小臂近肘處。目視前方（圖4-152）。

(2) 身體右轉，左掌虎口朝前貼右臂前搓；右手抓握成拳，貼左掌後拖（圖4-153）。

(3) 身體左轉，左腿蹬伸，右腿前屈成右弓步。同時，右手成單珠拳向前擊打（圖4-154）。

【要點】

此動作面部方向與起勢相同。動作要連貫，身形要中正。

圖4-152　　　　圖4-153　　　　圖4-154

【技擊含意】

下插掌取對手襠部，對手扣按我手，我左手封按對手手臂，右手回抽解開扣按，再擊打對手面部。

第五段

43. 扣抓三打棄

(1) 右腳向左前方扣腳上步，身體左轉約220度；左腳轉腳尖朝前，兩腿成四六步。左手屈指成爪，沿身體中線向上，經口前方向前向下扣抓；右拳收按在腹前（圖4－155）。

(2) 身體左轉，右腿蹬伸成左弓步。同時，右手成單珠拳向前擊出，高與人中齊；左手成拳收於右肘下方（圖4－156）。

(3) 身體右轉，右拳屈肘回收；左手成單珠拳向前擊出，拳高與心窩齊（圖4－157）。

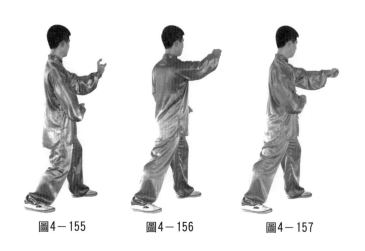

圖4－155　　　　圖4－156　　　　圖4－157

(4) 身體左轉，左拳屈肘回收；右手單珠拳向前擊出，拳高與氣海穴齊（圖4－158）。

【要點】

出拳要開聲助力，氣由丹田發，聲音需洪亮，三拳要連貫，要在一個發聲中完成。

【技擊含意】

指上打下連續出擊。

44. 右格肘單珠

(1) 身體右轉90度，右腳向右前方上步，成四六步。同時，右臂外旋，屈肘扣腕向右格擋，拳心向內上方；左拳收按在心窩前（圖4－159）。

(2) 左腿蹬伸，屈右腿成右弓步。左手成單珠拳向前打出，同時開聲助力。目視前方（圖4－160）。

【要點】

左手出拳時，右臂格擋的力量不能鬆懈。

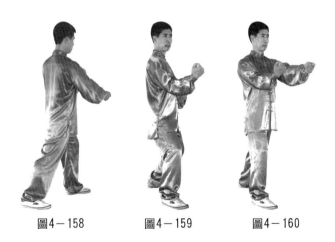

圖4－158　　　　圖4－159　　　　圖4－160

【技擊含意】

右臂格開來拳，出左拳擊打對手。

45. 右左掩肘攔踢

(1) 身體左轉90度，轉兩腳平行成馬步。左臂自然下落至體側；右臂屈肘，小臂豎起向內格攔（圖4-161）。

(2) 身體右轉90度，抬右腳轉90度原處下落，左腳隨之收至右腳內側。右小臂繼續向內向下劃落至體右側；左小臂以肘為軸，經左向上，小臂豎起向內格攔（圖4-162）。

(3) 左腳向左上步，兩腳平行成馬步。左手繼續向內向下，左拳成掌再向左撩出，力達掌背。目視左方（圖4-163）。

(4) 左腳以腳跟為軸，右腳以腳前掌為軸外轉，蹬右腿，身體左轉90度，成左弓步。左掌不動，右掌前撩拍打左掌（圖4-164）。

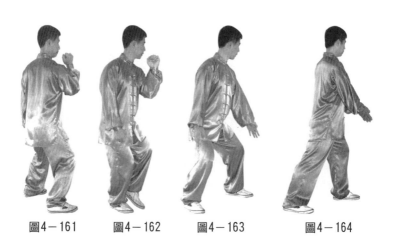

圖4-161　　圖4-162　　圖4-163　　圖4-164

(5) 右掌撩出後向左臂肘部上移。重心移向左腿,右腳尖外擺向前上方撩擊。左掌略向下,拍打右腳內側(圖4-165)。

【要點】

動作要圓活連貫,手與腳要協調一致。撩右腳時,左腿可蹬地躍起。

【技擊含意】

小臂豎起向內格開對手來拳,接著向下撩擊對手襠部。

46. 左丟捶

(1) 右腳向原處落步,重心下沉。左手收於腹前;右手向前推按,掌指向左,掌心向前下方。目光前視(圖4-166)。

(2) 蹬伸右腿,屈左腿成左弓步。左手抓握成拳,以肘關節為軸,沿身體中線向上從口前方向前成反背拳打

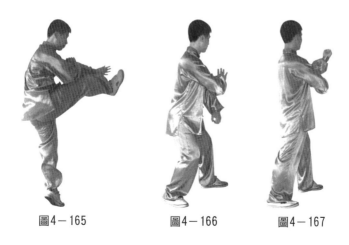

圖4-165   圖4-166   圖4-167

出，力達拳背（圖4－167）。

【要點】

打左反背拳（丟捶）時，右手向前推按勁不能丟。

【技擊含意】

右手封按對手，左手以反背拳擊打對手面部。

47. 左右掩肘攔踢

(1) 身體右轉90度，轉兩腳平行成馬步。右臂自然下落至體側；左臂屈肘，小臂豎起向內格攔（圖4－168）。

(2) 身體左轉90度，抬左腳轉90度原處下落，右腳隨之收至左腳內側。左小臂繼續向內向下劃落至身體左側；右小臂以肘為軸，經右向上，小臂豎起向內格攔（圖4－169）。

(3) 右腳向右上步，兩腳平行成馬步。右手繼續向內向下，右拳成掌再向右撩出，力達掌背。目視右方（圖4－170）。

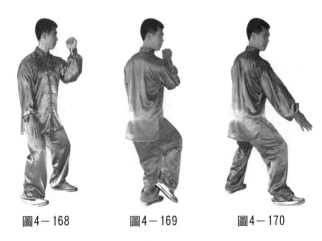

圖4－168　　　　圖4－169　　　　圖4－170

(4) 右腳以腳跟為軸，左腳以腳前掌為軸外轉，蹬左腿，身體右轉90度，成右弓步。右掌不動，左掌前撩拍打右掌（圖4－171）。

(5) 左掌撩出後上移。重心移向右腿，左腳尖外擺向前上方撩擊。右掌略向下拍打左腳內側（圖4－172）。

【要點】

動作要圓活連貫，手與腳要協調一致。撩左腳時，右腿可蹬地躍起。

【技擊含意】

如對手抓我雙肩後提膝撞我，我轉換身形並用左小臂掌背側彈開對方膝頭，右手撩擊對手襠部。或是右手抄對手大腿，起右腳踢對手站立腳使其倒地。在這裡對手先是用手搭我肩頭然後起的腳，然而並沒有控制我的兩手，不屬於鶴拳中「無搭不起腿」的理念。

48. 右丟捶

(1) 兩腳向原處落步，重心下沉。右手收於腹前；左

圖4－171　　　　　　圖4－172

131

手向前推按，掌指向右，掌心向前下方。目光前視（圖4－173）。

(2) 蹬伸左腿，屈右腿成右弓步。右手抓握成拳，以肘關節為軸，沿身體中線向上經口前方向前成反面拳打出，力達拳背（圖4－174）。

【要點】

打右反背拳（丟捶）時，左手向前推按勁不能丟。因打反背拳時有向外丟出的勁，故稱丟捶。

【技擊含意】

推按勁不丟，是封按住對手，使對手行動不便，如此才利於我接下來丟捶的擊打。套路練習中動作分成兩步完成，實際應用要一氣呵成。

49. 左格肘單珠

(1) 身體左轉，左腳向左前方上步成四六步。左臂屈肘扣腕，隨身體左轉向左格擋；右拳收至心窩下成立拳（圖4－175）。

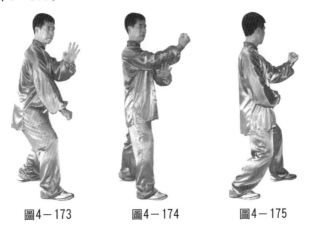

圖4－173　　　圖4－174　　　圖4－175

(2) 身體略左轉，蹬伸右腿，屈左腿成左弓步。右拳成單珠拳向前打出，拳高與心窩齊。目視前方（圖4－176）。

【要點】

出右拳時左肘格擋之勁仍不能鬆懈。出拳時可開聲助力。

【技擊含意】

左臂格擋開對手來拳，右拳擊打對手空檔。

50. 右格肘單珠

身體右轉90度，右腳向右前方上步成弓步。同時，右臂隨轉體屈肘扣腕向右格擋。左手成單珠拳，隨右臂格擋向前打出（圖4－177）。

【要點】

右臂格擋要有彈抖力。弓步、格擋和衝拳同時完成。出拳發力時不可閉氣。

圖4－176　　　　　　圖4－177

【技擊含意】

右臂彈抖格擋開對手來拳,左拳擊打對手空檔。

51. 上步雙珠

(1) 身體左轉45度,左腳向前上步,右腳跟步成三七步。兩拳收按至腹前(圖4-178)。

(2) 右腿蹬伸,左腿前弓成弓步。同時,兩手成單珠拳向前擊打,並開聲助力。目視前方(圖4-179)。

【要點】

兩臂要節節行力。此時胸部面部方向與起勢相反。

【技擊含意】

得機得勢,上步出雙拳全力以赴擊打對手。

第六段

52. 轉身虎踞

左腳內扣,右腳外轉,身體右轉約140度,兩腿屈膝下蹲成四六步。同時,右臂隨轉體屈肘、扣腕向前靠壓;

圖4-178

圖4-179

左拳向前推按至右肘齊，拳面向上。目視前方（圖4－180）。

【要點】

動作方向與「14.虎踞」相同；轉身步法要穩健輕靈。

【技擊含意】

與對手靠基時，右臂相搭，左手輕扶對手肘部伺機取勝；故在套路練習時此式雖靜卻有動意，所謂形斷意相連。

53. 抱掌撤步腳

(1) 身體右轉，右臂內旋轉掌心向下，手向上提；左臂外旋轉掌心向上，手向前送，兩掌心相對置於右腿上方（圖4－181）。

(2) 身體左轉，右臂外旋，經右向下，轉掌心向上；左臂內旋，經左向上，轉掌心向下，兩手仍為抱掌（圖4－182）。

圖4－180　　　　圖4－181　　　　圖4－182

(3) 右腿後撤一步，前腳掌著地。右手向前略向上再向回移動；同時左手小臂外旋轉掌心向上，從右臂下方向前穿掌（圖4－183）。

(4) 右臂貼左手向回抽撤，左手繼續前穿，當右手與左臂分開時（圖4－184），右臂內旋，右手經右前方擺五指扣抓成鶴爪，手心向左；左臂內旋也同時向左扣抓成鶴爪。重心移向左腿，右腿屈膝上提向前彈踢，力達腳背（圖4－185）。

【要點】

兩手的轉動要靠身體的搖轉帶動，身手的動轉要圓活不滯。撤步和上踢中間不停頓。

【技擊含意】

邊撤步邊擋開對手來拳，見有機可乘，返身踢腳回擊。

圖4－183　　　　　圖4－184　　　　　圖4－185

54. 躍步八仙掌

(1)右腳向前落步，隨即兩腳向前躍步，右腳在前左腳在後成三七步。兩爪成拳收按到腹前（圖4－186）。

(2)左腿蹬伸，屈右腿成右弓步。同時，兩掌向前摔出成掌心向前，掌指向上，並發聲助力（圖4－187）。

【要點】

動作(1)要蓄好力，動作(2)才能發足力。

圖4－186

55. 脫搭朝陽手

(1)重心下沉，兩腿屈膝下蹲成三七步。兩臂鬆肩墜肘回收，右掌向左橫攔，左掌經右肘下方向右穿掌（圖4－188），左掌繼續從右肘下方，由右向前向左上方穿攔，右掌向後收到左肘內側（圖4－189）。

圖4－187

圖4－188

圖4－189

(2) 步型不變，左掌向右橫攔，右掌經左肘下方向左穿掌（圖4－190、4－191）

(3) 左掌繼續從右肘下方向前上方穿攔，至兩掌成十字手時（如圖4－188），兩掌同時向左右分開，兩臂沉肩、墜肘、坐腕，掌心向前成朝陽手（圖4－192）。

【要點】

整個動作要一氣呵成。身手要協調一致。兩手的運行路線是一手由下向內上再向外上劃弧，另一手同時向內下再向外下劃弧的交替動作。

【技擊含意】

此式手法可起到從對手邊門轉入中門，或從中門轉入邊門的作用。

56. 趕箭

(1) 重心後移下沉成右三七步。同時，兩臂外旋，兩掌向內成十字交叉，掌心向上（圖4－193）。

圖4－190　　　圖4－191　　　圖4－192　　　圖4－193

(2) 兩臂內旋，旋腕轉掌心向
下，左掌附在右掌上。身體左轉，
左腳蹬地，右腳向前上步，左腳跟
步，兩腳仍為三七步。同時，右臂
外旋轉掌心向左，掌指向前，從左
手下向前插出，右掌略低於胸窩；
左手扶在右肘內側（圖4－194）。
再連續重複練習動作(1)(2)兩次
（圖4－195至4－197）。

圖4－194

【要點】

趕箭要連續做三次，圖4－193、194是一次的趕箭動
作圖，發箭時出手較短，第二次也如此，在此省去圖示；
圖4－195、196是為出掌前兩手的轉化做了個分解；圖4－
197是第三次出箭，出手相對放長。

【技擊含意】

一手遇阻，一手交接，偷漏化打。

圖4－195

圖4－196

圖4－197

57. 開翅

(1) 左腳向左橫開半步，右腳隨之向右後方退步，轉兩腳尖朝前，兩腳成平馬站立。同時，兩臂內旋，兩臂上提於胸前交叉，兩掌心向下（圖4-198）。

(2) 兩腿蹬伸。兩腕向橈骨側屈扣，兩掌同時向前方或兩側橫擊，並開聲助力。目視前方（圖4-199）。

【要點】

兩臂向前橫擊時手腕要向拇指一側屈扣，以使力達掌小指一側及尺骨外沿。通常稱兩掌向前橫擊為反攔掌，向兩側橫擊為開翅。

【技擊含意】

兩臂向內搬按開對手來拳，再向前橫切對手脖頸。

58. 野鶴歸巢

(1) 左腳後退一步。兩臂外旋兩手抓握成拳，拳心向上，兩臂由前向內向後略回收（圖4-200）。

圖4-198　　　　圖4-199　　　　圖4-200

(2) 右腳跟著向後退一步，兩臂向內向後回收成三戰手要領（圖4－201）。

(3) 左腳向後退步，兩臂略向外前方移動（圖4－202）。

(4) 右腳跟步後退。兩臂略向內向回再略向外打開成三戰手要領。目視前方（圖4－203）。

【要點】

兩手的運動路線呈橢圓形的平圓。練習中要以兩個連續不斷的圓配合兩個連續的後退步完成。動作(1)和(2)與(3)和(4)的步法相同，是滑步的分解動作。

【技擊含意】

這是一組化開對手推按的動作。接對手來力，用步法走開，用身化開。

59. 狸貓伺鼠

(1) 兩足不動，重心漸移向右腳。兩臂內旋，兩拳變成鶴爪轉手心朝前，再向內移（圖4－204）。

圖4－201　　圖4－202　　圖4－203　　圖4－204

(2) 兩足不動，重心逐漸移向左腳。兩臂向內向回再略向外移動（圖4－205）。

【要點】

狸貓伺鼠同「58.野鶴歸巢」手上的運行路線相同。野鶴歸巢的動作要快，狸貓伺鼠的動作宜緩。(1) (2)動作可連續重複練習三遍。

【技擊含意】

這也是一組化開對手推按的動作，手型不同，化開後的變化也不同。

60. 振　翅

兩臂放鬆下垂於體前（圖4－206）。左腿蹬伸，成右弓步；宗身，以兩小臂橈骨側向前彈抖（圖4－207）。

【要點】

此動不需有定勢，一發力，緊接下面的動作。

【技擊含意】

對手欲抓我手臂，我彈抖震開。

圖4－205　　　圖4－206　　　圖4－207

61. 野鶴歸巢

(1) 重心略沉，左腳向後退步。兩臂鬆肩、墜肘、沉腕，拳眼斜向內上方（圖4-208）。

(2) 右腳向後跟步，兩臂向下向後回收（圖4-209）。

【要點】

動作與前面野鶴歸巢相近，不同處是這個野鶴歸巢的運動路線為橢圓形的立圓。(1)(2)動作可連續重複三遍練習。

【技擊含意】

用意與前面野鶴歸巢相同，只是手運行的路線不同，如太極有平圓推手和立圓推手一般。

62. 雙插掌

(1) 左腳向後方退步，兩臂向上向前劃出（圖4-210）；右腳跟退一步，使兩腳平行與肩等寬，成馬步。同時，兩小臂外旋轉掌心向上，兩肘貼靠兩肋回收（圖4-211）。

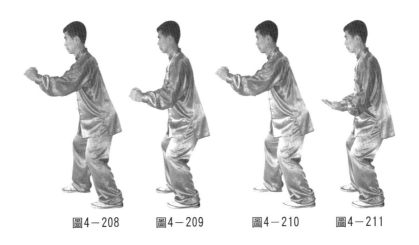

圖4-208　　　　圖4-209　　　　圖4-210　　　　圖4-211

143

(2) 重心下沉，兩臂內旋，轉兩掌心向下，向前下方插出（圖4－212）。

【要點】

插掌要迅速，同時以氣催力，發短促的「呵」音。

63. 雙提頂

兩腿蹬伸，同時兩手屈腕成勾同前上方提頂（圖4－213）。

【要點】

兩臂上提時要節節行力，並發出鶴鳴聲。

【技擊含意】

提頂開對方手臂，打開對手門戶。

64. 獅子滾球

(1) 兩臂沉肩、墜肘向身體前下方摔手，力達掌小指側。同時，兩腿蹬地躍起，撐腰轉胯，帶動兩腳空中左轉90度角（圖4－214）。

圖4－212　　　圖4－213　　　圖4－214

(2) 兩腳下落時，落地成馬步，身體轉約45度。同時，兩手右上左下置於身體右側，掌心相對成抱掌（圖4-215）。

(3) 兩足不動，身體左轉。同時，左手經左向上，右手經右向下，兩手掌心相對抱轉（圖4-216）。

(4) 左腳向後撤步，身體略左轉，右臂略向左，左小臂外旋，左手向後經右肘下方向右，兩手心向上（圖4-217）。

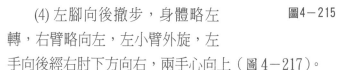

圖4-215

(5) 右手貼左臂上方繼續經左向後回抽，再轉掌心向下，由右向前擺出，並抓握成拳；同時，左手經右臂下方前穿，再轉掌心向下向回抓握成拳置於胸前，兩拳面向上（圖4-218）。

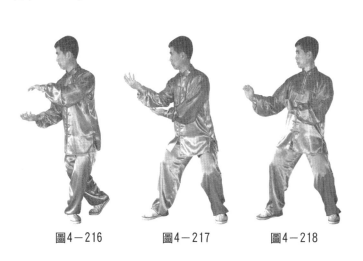

圖4-216　　　　圖4-217　　　　圖4-218

145

【要點】

動作(2)至動作(6)間兩手動作要圓活連貫，動作不能出現棱角，要用身體帶動；動作熟練後兩腳的向後退步可改成後躍步。動作(6)完成時右拳與右腳上下的位置相對。

65. 收　式

(1) 重心前移至右腿。同時，兩臂外旋轉拳心向上，屈肘回收抱於身體兩側（圖4－219）。

(2) 左腳向上收與右腳齊，兩腿直立併攏。身體端正，寬胸立腰。目前視（圖4－220）。

(3) 兩拳成掌轉掌心向內，貼身體兩側下落（圖4－221）。

【要點】

整套拳法練完勿匆忙離去，要周身放鬆一遍後，或接著練拳或緩緩行走一會，以使心平氣和。

圖4－219　　　圖4－220　　　圖4－221

第三節　中 匡

　　福州人通常把幾套拳稱為幾匡，故中匡有中套拳法的意思；另外，在鳴鶴拳法中，有人把拳架較高的八步連稱為上匡；此套路之以稱中匡，是因拳法開始的幾個動作要求大腿與地面平行，架子低於上匡，又相對地趙打法的下匡而言；還有稱中匡為中方的，中方二字意為中正端莊，也是對拳架而言。

　　中匡拳法是鳴鶴拳中難度較大的拳法，前幾步的四平馬要求有較好的樁功基礎，其手法細緻，往往一步多手，身法搖宗多變，沒有較好的鶴拳基礎是難以掌握的。

中匡動作名稱順序如下：

　　1.預備式；2.獅子滾球；3.請拳；4.十字雙分掌；5.下插掌；6.雙提頂；7.雙匡；8.左單匡；9.右單匡；10.搖身三撩掌；11.雙基雙箭；12.提勾醉身獨立；13.一五一十；14.左搖身雙頂；15.千斤雙沉；16.轉五行；17.右搖身雙頂；18.千斤雙沉；19.轉五行；20.撤步腳；21.八仙掌；22.千里引風；23.美人照鏡；24.朝陽手；25.連環手；26.換步打掌；27.左搖身雙頂；28.右搖身雙頂；29.前搖身雙頂；30.雙峰貫耳；31.野鶴歸巢；32.狸貓伺鼠；33.振翅；34.野鶴歸巢；35.下插箭；36.雙提頂；37.獅子滾球；38.收勢。

中匡動作分解

第一段（起勢）

1. 預備式

身體直立，兩足開步，與肩等寬，兩手自然下垂於身體兩側，頭正頸直，兩肩平正，寬胸直背，立腰，提肛收小腹，神鬆意靜，目視前方（圖4－222）。

2. 獅子滾球

(1)兩腿微屈，兩小臂外旋，兩掌貼身體兩側上提，並漸轉掌心向上（圖4－223）。

(2)兩小臂內旋，兩手貼靠身體兩側邊轉掌邊下按，至按掌完成瞬間，突然加速按掌，同時擰腰轉胯，兩腿蹬地躍起（圖4－224）。

(3)身體下落時，兩腳約轉90度角；落地成馬步，身體轉約45度；同時兩手右上左下置於身體右側，掌心相對成抱掌（圖4－225）。

圖4－222　　　圖4－223　　　圖4－224　　　圖4－225

(4)兩腳不動，左手經左向上，右手經右向下，兩手掌心相對抱轉（圖4－226）。

(5) 兩腳不動，身體略左轉，右臂略向左，左小臂外旋，左手向後經右肘下方向右移，兩手心向上（圖4－227）。

(6) 右手貼左掌上方繼續經左向後回抽，再轉掌心向下，由右向前擺出並抓握成拳；同時，左手經右臂下方前穿，再轉掌心向下向回抓握成拳置於胸前，兩拳面向上（圖4－228）。

【要點】

動作(2)至動作(6)間兩手動作要圓活連貫協調，要由搖身來完成，動作不能出現棱角。動作(6)完成時右拳與右腳上下的位置相對，右手要成三戰手要領。

【技擊含意】

搖身化力，宗身發力。

圖4－226　　　　圖4－227　　　　圖4－228

3. 請 拳

(1) 重心後移,兩手左手成掌右手成拳,收至左腰際。左掌心向上,右拳成立拳置於左拳上(圖4-229)。

(2) 身體右轉45度,使身體仍向前方,重心向後移至左腿,右腳收回半步,前掌虛著地成丁字步。同時,兩手向前推出成請拳動作,左掌四指朝上,右拳拳面向上。兩肘距離肋部有一橫拳遠,腕部高出肘部有兩公分。目視前方(圖4-230)。

要點、技擊含義與第一套八步連請拳相同。

第二段

4. 十字雙分掌

右腳經左腳內側向右開半步,左腳再向左開半步,兩腳平行與肩同寬,成高馬步站立。同時,左小臂外旋,左掌向右,右拳成掌向左,兩手心朝向後上方,兩腕相交成十字手(圖4-231)。再繼續向前向兩側舒展打開,兩掌

圖4-229　　　　圖4-230　　　　圖4-231

與肩同寬，兩掌心向上（圖4－232）。

【要點】

十字手至雙分掌完成，動作間不能停頓，動作要沉穩不匆忙。

【技擊含意】

十字手接對手來拳，分掌打開對手門戶。

5. 下插掌

(1) 兩臂鬆肩落肘，兩小臂貼靠兩肋回收（圖4－233）。

(2) 重心下沉成馬步，兩掌轉掌心向下，向前下方插出（圖4－234）。

【要點】

下插掌動作要迅速，並催氣發「哈」聲，聲要由丹田而出。

【技擊含意】

兩小臂貼靠兩肋回收為吞基護肋，向前下方插擊為吐箭進攻。

圖4－232　　　　圖4－233　　　　圖4－234

圖4－235

6. 雙提頂

兩腿蹬伸直立；兩掌成勾向前上方頂出（圖4－235）。

【要點】

此雙提頂與八步連收式中雙提頂動作相同，故在八步連練習至雙提頂時，可接下面動作練習中匡。

【技擊含意】

勾手在五行手法中屬金，具有圓實堅硬飽滿的特性。

7. 雙　匡

(1) 兩腿屈膝下蹲，重心下沉成馬步。兩臂屈肘內收，接著外旋向兩側、向前打開成掌心向內（圖4－236）。

(2) 重心繼續向下，兩臂向內、向後繼續劃弧運轉（圖4－237）。

(3) 兩臂再向兩側、向前打開（圖4－238）。

圖4－236

圖4－237

圖4－238

(4) 重心繼續下沉使兩大腿與地面平行，兩臂內旋，兩小臂向內靠攏，兩手手指斜向兩側前方（圖4-239）。

【要點】

兩手的運行路線是兩個不間斷的平圓。馬步重心下沉使大腿與地面平行時需依個人功力而行，不可因勉強而形成變形的馬步動作。

【技擊含意】

雙臂向內蓋壓對手雙臂，控制對手。

8. 左單匡

(1) 左腳向前上步，右腳跟步，身體左轉約30度。兩臂外旋轉掌心向上，左手向右橫掩，右手貼靠左臂下方向左穿掌（圖4-240）。

(2) 右臂向右前橫撥，左臂由右臂上方向後抽掌，當左掌後抽離開右臂時，兩臂內旋轉掌心向下，左手由後向左向前經右向回再經左向前平抹，即做順時針平圓；右手由前向左向後經右向前再經左向回平抹，做逆時針平圓，

圖4-239　　　　　　　圖4-240

收到左肘內側（圖4-241）。

(3) 步型不動，兩掌向左前上方緩緩插掌，並開聲以氣催力（圖4-242）。

【要點】

兩手順逆時針劃圓時以左手為主，右手為輔，一順一逆協調一致。插掌時宜沉肩、墜肘、坐腕。

【技擊含意】

左手向內蓋壓對方手臂，並乘勢進攻。在拳法中，向左前上方插掌時要配合搖、絞、揭、蓋、抖、撇等多個技擊手法，並對身手協調要求較高，也不易文字敘述，故在書中省略。

9. 右單匡

(1) 重心略沉，兩臂屈肘下沉向內掩掌。右腳上步左腳跟步，身體右轉60度。兩臂外旋轉掌心向上，右臂向內回收，左掌從右肘後方向右前穿掌（圖4-243）。

圖4-241　　　　圖4-242　　　　圖4-243

（2）右手後抽，左手繼續前穿，當右手後抽離開左肘時，兩臂內旋轉掌心向下，兩手以右手逆時針、左手順時針方向同時劃一小平圓（圖4－244）。

（3）步型不動，兩掌向右前上方緩緩插掌（圖4－245）。

【要點】

與左單匡要點相同，唯左右不同。

圖4－244

10. 搖身三撩掌

（1）左腳向後撤步，右腳向後跟步。同時，右手向左撩掌（圖4－246）。

（2）步型不變，右掌下按，左掌上撩（圖4－247）。

（3）步型不變，左掌下按，右掌上撩（圖4－248）。

圖4－245

圖4－246

圖4－247

圖4－248

【要點】

上撩掌要透過搖身，以身帶臂完成。

【技擊含意】

撩掌拍開對手來拳。

11. 雙基雙箭

(1) 重心略沉成三七步，兩掌成拳收按至腹前（圖4－249）。

(2) 左腿蹬伸成右弓步。兩拳成掌向前插出，掌心相對，掌指朝前。目視前方（圖4－250）。

【要點】

雙基雙箭要與搖身三撩掌連貫起來。

【技擊含意】

拍開對手來拳後，速出雙箭進攻對方。

12. 提勾醉身獨立

(1) 兩臂外旋轉掌心向上，兩臂屈肘內收（圖4－251）。

圖4－249　　　圖4－250　　　圖4－251

(2) 上動不停，兩臂內旋，兩手同時向下、向兩側、向上、向內劃一圓圈（圖4－252）。

(3) 緊接著，重心後移至左腿，身體後傾，右腿屈膝上提。同時，兩手屈腕成勾向上提頂，並配合提氣發出鶴鳴。目光前視（圖4－253）。

【要點】

兩臂要圓轉靈活；立步要穩；頭要正，不可隨身體後傾而後仰。

【技擊含意】

提勾頂開對手進擊，提膝撞擊對手襠部，並有伺機用兩勾尖下啄對手血池穴之意。

13. 一五一十

(1) 右腳下落，重心成前四後六。兩臂外旋，兩勾成掌向內收，兩臂十字交剪（圖4－254）。

(2) 步型不變，兩掌向兩側、向前打開（圖4－255）。

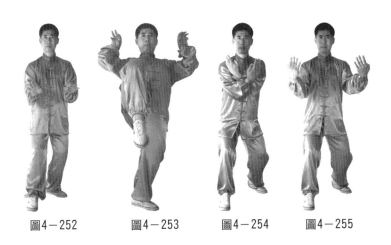

圖4－252　　　　圖4－253　　　　圖4－254　　　　圖4－255

(3) 步型不變，兩掌向內、向回成十字交剪（圖4－256）。

(4) 步型不變，兩臂內旋。同時，兩掌向兩側、向前打開，掌心向前。目前視（圖4－257）。

【要點】

兩掌打開時要按三戰手要領規範。

【技擊含意】

兩臂向內交剪對手手臂反關節；或化開對手雙推掌，並乘勢反擊。

14. 左搖身雙頂

(1) 身體略右轉，右手上提轉掌心向下，左手小臂外旋轉左掌心向上，兩手成抱掌置於右腿上方（圖4－258）。

(2) 身體左轉約45度，左腳向左前方上步。左手經左向上，右手經右向下抱轉，兩手置於左腿上方（圖4－259）。

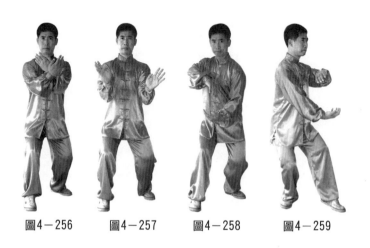

圖4－256　　　圖4－257　　　圖4－258　　　圖4－259

(3) 身體右轉，兩腳重心成前四後六。同時，右手經右向上，左手經左向下抱轉（圖4－260）。

(4) 身體左轉，左手向內、向後，右手向前、向內掩手（圖4－261）。

(5) 身體轉正，右手繼續向內、向後移動，兩手成十字相搭。（圖4－262）。

圖4－260

(6)後腿蹬伸成左弓步，兩手成橫勾，分開向前頂出（圖4－263）。

【要點】

掩手時身體要搖，頂手時力有向外膨脹之勢，動作要一氣完成。

【技擊含意】

向內掩手化開來拳，用勾頂頂擊對手。

圖4－261

圖4－262

圖4－263

圖4－264

15. 千斤雙沉

重心下沉，兩臂內旋，沉肘、屈腕、轉勾指向下，隨重心下沉，兩手下插（圖4－264）。

【要點】

兩掌下插時發「嘶」聲，以氣催力。

【技擊含意】

兩手千斤勾向下沉插，化開對手進攻，並控制對手。

16. 轉五行

(1)兩臂外旋，兩手仍為橫勾向前頂撞（圖4－265）。

(2)兩手向上，兩臂內旋轉掌心向前，兩手成鶴爪向下扣抓（圖4－266）。

(3) 重心下沉，兩臂外旋轉拳眼向上，兩小臂向下摔打，力達小臂尺骨側（圖4－267）。

圖4－265

圖4－266

圖4－267

(4) 右腿蹬伸成左弓步，兩臂同時向前彈抖，力達小臂橈骨側（圖4－268）。

(5) 重心後移成四六步，兩臂外旋轉手心向上，兩手成爪，屈肘回收（圖4－269）。

(6) 兩臂內旋，沉肩、墜肘、坐腕，轉手心向前，兩手同時向前推出（圖4－270）。

【要點】

手法勁路要連貫，一個勁的結束恰好是另一個勁的開始。身法始終要配合吞吐浮沉的變化。

【技擊含意】

五行手法見力化力，見力生力，觸即變，發如箭。

圖4－268　　　　　圖4－269　　　　　圖4－270

17. 右搖身雙頂

(1) 身體略左轉，左手上提轉掌心向下，右手小臂外旋轉右掌心向上，兩手成抱掌置於左腿上方（圖4－271）。

圖4－271

(2) 身體右轉約45度，右腳向右前方上步。右手經右向上、左手經左向下抱轉，兩手置於右腿上方（圖4－272）。

(3) 身體左轉，兩腳重心成前四後六。同時，右手經右向下抱轉，左手經左向上、再向回拍打身體右側（圖4－273）。

(4) 身體轉正，右手繼續向內、向後回收，兩手成十字相搭（圖4－274）。

(5) 後腿蹬伸成右弓步，兩手成橫勾，分開向前頂出（圖4－275）。

【要點】

動作要圓活，氣勢要飽滿。

圖4－272

圖4－273

圖4－274

【技擊含意】

與左搖身雙頂動作相同，方向相反。下面動作相同左右相反的動作還有出現，不再做解釋。

18. **千斤雙沉**

重心下沉，兩臂內旋，沉肘、屈腕，轉勾手向內下方（圖4－276）。

【要點】

重心下沉時需注意身形要中正。

圖4－275

19. **轉五行**

(1) 步型不變，兩臂外旋，兩手仍為橫勾向前頂撞（圖4－277）。

(2) 步型不變，兩手向上，兩臂內旋轉掌心向前，兩手成鶴爪向下扣抓（圖4－278）。

圖4－276

圖4－277

圖4－278

(3)重心略沉，兩臂外旋轉拳眼向上，兩小臂向下摔打，力達小臂尺骨側（圖4－279）。

(4)右腿蹬伸成左弓步，兩臂同時向前彈抖，力達小臂橈骨側（圖4－280）。

(5)重心後移成四六步，兩臂外旋轉手心向上，兩手成爪，屈肘回收（圖4－281）。

圖4－279　　　　　圖4－280　　　　　圖4－281

圖4－282

(6)兩臂內旋，沉肩、墜肘、坐腕，轉手心向前，兩手同時向前推出（圖4－282）。

【要點】

要想鶴拳好，三戰裡面找。拳法中如有不得勁處，按三戰規矩來調整。每動必有吞吐浮沉的變化。

164

【技擊含意】

五行手法變化多端，觸即變，發如箭。

20. 撤步腳

(1) 左腳後退一步，身體左轉。兩手成掌，右臂外旋，右掌向左上方撩掌；左小臂內旋，左掌收至右肘內側（圖4－283）。

(2) 右腳後退一步，身體右轉。左掌經下方向右前上方撩掌；右小臂內旋，右掌收至左肘內側（圖4－284）。

(3) 身體左轉。兩手成鶴爪，右臂外旋向前向左扣抓；左手收至右肘內側，隨之向左扣抓（圖4－285）。

(4) 重心移至左腿，起右腿向前彈踢（圖4－286）。

【要點】

手法要圓活，步法要連貫，重心要平穩。

【技擊含意】

轉退為進，變守為攻，如同回馬槍。

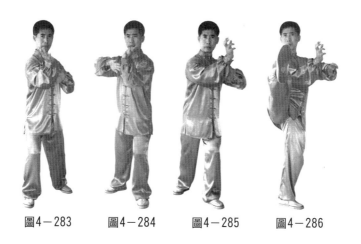

圖4－283　　　圖4－284　　　圖4－285　　　圖4－286

21. 八仙掌

(1) 右腳向前落步，左腳跟上一步，重心下沉成平馬，兩手成拳置於腹前（圖4－287）。

(2) 後腿蹬伸，兩拳成掌向前捽出，掌心向前，掌指向上，同時發「嗨」聲助力（圖4－288）。

【要點】

兩腳向前上步時，身形要端正，步法要輕靈，周身要放鬆。捽掌時發聲要響亮，聲從丹田發出，勿發喉音。鶴拳發力時講求「節節行力」。手臂的勁從根節（上臂）、中節（小臂）至尾節（手）節節有力，最後經尾節向前透出。發力時身法為「吐」為「浮」。動作完成，身體要立刻從上向下鬆到腳底。

22. 千里引風

兩手抓握成拳。重心下沉，成馬步。同時，兩臂外旋屈肘回拉，兩腕內扣，拳心斜向上（圖4－289）。

圖4－287　　　　圖4－288　　　　圖4－289

【要點】

動作配合吸氣，氣吸足後周身放鬆，呼吸也要調整均勻。

23. 美人照鏡

兩拳打開成掌，同時，兩手引小臂略向上、向兩側打開（圖4－290）。

【要點】

此動作短促，催氣發聲也同樣短促；動作完成後，兩手比腕部高出約三至四公分。

24. 朝陽手

兩臂緩緩內旋，轉掌心向前，動作完成瞬間宗身發力。目前視（圖4－291）。

【要點】

要點同八步連朝陽手。

圖4－290　　　　　圖4－291

25. 連環手

(1) 身體突然下沉，兩手轉掌心向下，借身體沉墜，兩手發彈抖勁，分別向兩側下方按掌（圖4－292）。

(2) 重心略上提，兩小臂外旋，屈腕成勾向前頂擊（圖4－293）。

(3) 重心略沉，兩手向上，內旋，轉掌心向前，成鶴爪向下扣抓（圖4－294）。

【要點】

動作要勢勢相連，第一式的反作用力恰好順勢成為第二個動作。

26. 換步打掌

(1) 身體左轉，兩腿略伸，似要躍起。右腳向前上步同時左腳向後上步。同時，右手由下向上撩打，左手掌心向下按至右肘內側（圖4－295）。

(2) 身體右轉，兩腿略伸，似要躍起，左腳向前落步

圖4－292　　　　圖4－293　　　　圖4－294

同時，右腳向後落步。左手由下向上
撩擊，右手掌心向下按至左肘內側
（圖4－296）。

（3）身體左轉，兩腿略伸，似躍
起，右腳向前上步同時，左腳向後上
步。右手由下向上撩打，左手掌心向
下按至右肘內側（圖4－297）。

【要點】

似要躍起是指兩腳如同躍起，只

圖4－295

是腳掌擦地面行步。兩腳也可以離開地面形成跳起換步，
但儘量不要高跳，以免影響平衡與速度。

【技擊含意】

換步有以步制步的作用。

27. 左搖身雙頂

（1）身體右轉，左腳向左前方上步成四六步。右手向
內拍打身體左側，左手向前（圖4－298）。隨身體轉正，

圖4－296

圖4－297

圖4－298

169

圖4-299

左手向內回收，與右手成十字相搭（圖4-299）。

(2) 右腿蹬伸，兩手屈腕成橫勾向前頂出（圖4-300）。

【要點】

(1) (2)動作要連續做三遍，身體搖宗發力。

28. 右搖身雙頂

(1) 身體右轉約90度，右腳向右前方上步。右手向上，右小臂內旋轉掌心向下；左臂外旋轉掌心向上，與右掌心相對成抱掌置於右腿上方（圖4-301）。

(2) 身體左轉，左手拍打身體右側，右手向前（圖4-302）。隨身體轉正，右手繼續向內回收，與左手成十字相搭（圖4-303）。

圖4-300

圖4-301

圖4-302

（3）左腿蹬伸，兩手屈腕成橫勾向前頂出（圖4－304）。

【要點】

做（1）（2）動作時身體要吞沉，要搖身；做（3）動作時身體要吐浮，要宗身。 （2）（3）動作重複練習共三遍。

圖4－303　　　圖4－304

29. 前搖身雙頂

（1）身體左轉約45度，右腳向正前方上步。右手向上，右小臂內旋轉掌心向下。左臂外旋轉掌心向上，與右掌心相對成抱掌置於右腿上方（圖4－305）

（2）身體左轉，左手拍打身體右側，右手向前（圖4－306）。隨身體轉正，右手繼續向內與左手成十字相搭（圖4－307）。

圖4－305　　　圖4－306　　　圖4－307

171

(3) 左腿蹬伸，兩手屈腕成橫勾向前頂出（圖4－308）。

【要點】

動作與右搖身雙頂雷同，動作(2)(3)同樣重複練習三遍，唯最後一次雙手頂出時後腿蹬伸近直，雙臂頂出近直。

【技擊含意】

搖化開對手攻勢，宗身發力攻擊對手。

30. 雙峰貫耳

左腳向前上步。兩手抓握成拳，下沉、經外向內擺擊（圖4－309）。

【要點】

兩臂動作幅度不宜過大。

【技擊含意】

雙拳向內擊打對手兩耳。

圖4－308　　　　　圖4－309

172

31. 野鶴歸巢

(1) 左腳後退一步。兩臂外旋，兩手轉兩拳心向上，兩臂由前向內、向後略回收（圖4－310）。

圖4－310

(2) 右腳跟著向後退一步，兩臂向內、向後回收成三戰手要領（圖4－311）。

(3) 左腳向後退步，兩臂略向外前方移動（圖4－312）。

(4) 右腳跟步後退，兩臂略向內向回再略向外打開成三戰手要領。目視前方（圖4－313）。

【要點】

兩手的運動路線呈橢圓形的平圓。練習中要以兩個連續不斷的圓配合兩個連續的後退步完成。動作(1)和(2)與(3)和(4)的步法相同，是滑步的分解動作，練習時中間不

圖4－311

圖4－312

圖4－313

能形成間斷。

32. 狸貓伺鼠

(1)重心逐漸移向右腳。兩臂內旋，兩手向外、向前移，兩拳變成鶴爪轉手心朝前（圖4－314）。

(2)重心漸移至左腳；兩臂向內、向回、再略向外移動（圖4－315）。

圖4－314　　　　　圖4－315

【要點】

狸貓伺鼠同「31.野鶴歸巢」手上的運行路線相同。不同的是野鶴歸巢的動作要快，而狸貓伺鼠的動作宜緩。

33. 振　翅

兩臂向下鬆垂於體前（圖4－316）。左腿蹬伸，成右弓步。宗身，以兩小臂橈骨側向前彈抖（圖4－317）。

34. 野鶴歸巢

(1) 重心略沉，左腳向後退步。兩臂鬆肩、墜肘、沉

腕，拳眼斜向內上方（圖4－318）。

(2) 右腳跟步。兩臂向下向後回收，拳眼向上（圖4－319）。

【要點】

動作(1)(2)的步法是一個連續的滑步動作，練習時要連貫；兩手的運行路線呈橢圓形的立圓。套路中此動作要連續重複三次練習。

圖4－316　　　　　　　　圖4－317

圖4－318　　　　　　　　圖4－319

35. 下插箭

(1) 左腳向後退步，兩臂向上向前移（圖4－320）。

(2) 右腳向後跟步，兩腳尖平齊。兩臂向下、向後回收；同時兩小臂外旋，兩拳成掌轉掌心向上（圖4－321）。

(3) 兩腳不動，兩臂內旋轉掌心向下，兩掌同時向前下方插擊（圖4－322）。

【要點】

動作(1)(2)的兩手運行路線與野鶴歸巢的運動路線同為似橢圓形的立圓。

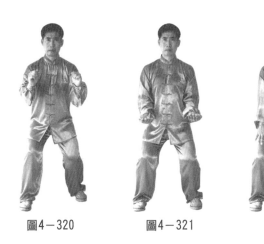

圖4－320　　　圖4－321　　　圖4－322

36. 雙提頂

兩腿蹬伸，兩掌成勾向前上方提頂，同時提氣發聲如鶴鳴。目光前視（圖4－323）。

【要點】

動作要求舒展順暢，並提氣做鶴鳴。

37. 獅子滾球

(1) 兩臂沉肩、墜肘向身體前下方摔手，力達掌小指側。同時，兩腿蹬地躍起（圖4－324）。

(2) 兩腳下落時，擰腰轉胯，帶動兩腳空中左轉90度落地成馬步，身體轉約45度。同時，兩手右上左下置於身體右側，掌心相對成抱掌（圖4－325）。

圖4－323　　　　　圖4－324　　　　　圖4－325

(3) 右腳經左腳後方向後撤步。同時，左手經左向上，右手經右向下，兩手掌心相對抱轉（圖4－326）。

圖4－326

(4) 左腳向後撤一步成半馬步，身體略左轉，右臂略向左，左小臂外旋，左手從後方經右肘下方向右移，兩手心向上（圖4－327）。

(5) 右手貼左臂上方繼續向後回抽，再轉掌心向下，由右向前擺出並抓握成拳；同時，左手貼右臂下方前穿，再轉掌心向下、向回抓握成拳置於胸前，兩拳面向上（圖4－328）。

【要點】

動作(2)至動作(6)間兩手動作要圓活連貫，動作不能出現棱角，要用身體帶動；動作熟練，練兩腳的向後退步可改成後躍步。動作(6)完成時，右拳與右腳上下的位置相對。

圖4－327　　　　　圖4－328

38. 收　式

(1) 右腳尖轉向前方，重心前移到右腿。同時，兩臂外旋轉拳心向上，屈肘，回收抱於身體兩側（圖4－329）。

(2) 左腳向前上步與右腳併攏，頭正頸直，挺胸立腰站立（圖4－330）。

(3) 兩拳成掌轉掌心向內貼身體兩側下落，全身鬆靜站立（圖4－331）。

【要點】

整套拳法練完勿匆忙離去，要周身放鬆一遍後，或接著練拳或緩緩行走一會，以使心平氣和。

圖4－329　　　　圖4－330　　　　圖4－331

第五章
鳴鶴拳對練套路及要領

一般來說，透過單練套路的練習，能夠使內在的精氣神、外在的手眼身符合所練拳種的基本特點，能夠強身健體。雖說也知道些招式的用法，但終屬於知己功夫。對練則是在此基礎上進一步領悟一個拳種的技擊特點。雖然對練不等同於隨機應變的實戰，但經過對練的練習，能夠對實戰中的時間差、角度、距離感等做到初步掌握，對所練拳種技擊的原理也能更深刻地掌握。

特別是鶴拳中有許多循環往復的單式對練，長期練習，對一些重要的手法、步法或腿法等可達到得心應手的效果。鳴鶴拳的對練套路主要有五步交、十三步交、二十四步、一百零八步和許多循環往復的單招對練。

第一節　五步交

五步交是鶴拳中較為基礎的對練套路，因每演練一段，雙方進退各行五步，進行五次攻防，故名。

在練習方法上，起初是按部就班的練習，等到熟練後，甲、乙二人可在對練過程中隨時改變攻防角色，使對練緊張有趣，練的不再是招式而是反應，但在這過程中儘

量不要發力，以免傷害對方。

五步交動作名稱順序如下：

第一段

1.甲、乙三角步右靠基；2.甲、乙三角步左靠基；3.甲、乙三角步右靠基；4.乙接手搖基推掌甲搖基轉化；5.乙轉掌切肋　甲轉掌下攔；6.甲穿挑掌乙　三角步牽引；7.乙上步擊肋　甲退步掩肘。

第二段

8.甲上步衝拳　乙退步搖基；9.乙進步雙推掌　甲搖基轉化；10.乙轉掌切肋　甲轉掌下攔；11.甲穿挑掌　乙三角步牽引；12.乙上步擊肋　甲退步掩肘。

第三段

13.甲上步衝拳　乙退步搖基；14.乙進步雙推掌　甲搖基轉化；15.乙轉掌切肋　甲轉掌下攔；16.甲穿挑掌乙三角步牽引；17.乙上步擊肋　甲退步掩肘。

第四段

18.甲上步衝拳　乙退步搖基；19.乙進步雙推掌　甲搖基轉化；20.乙轉掌切肋　甲轉掌下攔；21.甲穿挑掌乙三角步牽引；22.乙上步擊肋　甲退步掩肘。

第五段

23.甲上步衝拳　乙退步搖基；24.乙進步雙推掌　甲退步雙搭；25.甲退步收勢　乙退步收勢。

五步交動作分解

第一段

預備式：甲乙相距兩步遠，正身相對站立（圖5-1）。

【要點】

待熟練後，兩人之間相對距離遠近不限，只要一方抱拳或敬禮示意，兩人同時向前上步，在合適距離出手。位於左側者為乙方，右側者為甲方。

1. 甲、乙三角步右靠基

甲、乙同樣是左腳外開，與肩同寬，右腳向前上步，左腳跟步，重心前四後六。同時，右手前指向對手中線前穿，二人右手成兩腕相交，左手搭對手右肘，兩掌心向上（圖5-2）。

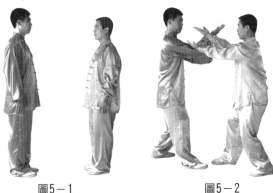

圖5-1　　　　　　　　圖5-2

【要點】

基手是鶴拳技擊訓練的主要手段，練習雙方常是先以小臂相靠，搶對手中線，迫使對手露出空門，並乘勢擊打對手。也有自知功力不如人者，或技術高超者，靠基時以技勝而不以力敵，「見力化力，見力生力，見力得力，見力棄力」，做到「觸即變，發如箭」。

高手對戰既可兩手相接沾黏連隨，也可脫手迅速擊打對手。鶴拳稱這兩小臂相靠的動作為靠基，在靠基基礎上產生的技術叫作基手，也有稱做機手或技手的。

2. 甲、乙三角步左靠基

(1) 甲、乙雙方同樣是右腳向右橫開一步，與左腳的位置平齊，左腳向右跟步略前於右腳，成左虛步。兩手略帶勾掛之意回收下按（圖5-3）。

(2) 甲、乙左腳同時向前上步，右腳跟步。同時，左手向前穿掌，雙方左小臂相靠，右手扶在對方左肘處（圖5-4）。

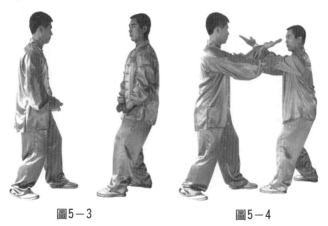

圖5-3　　　　　　　　　圖5-4

【要點】

「回手如勾，去手如銼」。回手如勾用意就好了，去手如銼，有橫破豎的作用；去手在用力上，不能單純為了搶對手中線形成向外格擋。

3. 甲、乙三角步右靠基

(1) 甲、乙雙方左腳同時向左橫開一步，與右腳的位置平齊，右腳向左跟步略前與右腳，成右虛步。兩手略帶勾掛之意回收下按（圖5－5）。

(2) 甲、乙雙方右腳同時向前上步，左腳跟步。同時，右手向前穿掌，雙方右小臂相靠，左手搭在對手右肘處（如圖5－2）。

【要點】

要點與「甲、乙三角步左靠基」相同。在原始的五步交中只有一個靠基動作。我在這裡增加兩次靠基練習，同時還增加了三角步法。三角步是鶴拳中重要步法，靠基是基手中手法之要。如此來突出三角步與靠基練習的重要

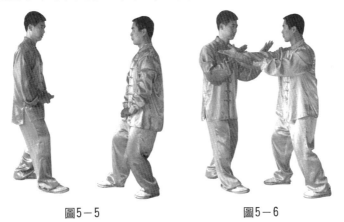

圖5－5　　　　　　　　圖5－6

185

性，並且學者可按以上方法做左、右三角步靠基單招的循環往復練習。

4. 乙接手搖基推掌　甲搖基轉化

(1) 第三次靠基時，即右靠基時，乙方與甲方右臂相接時不著力，順勢引化（圖5-6）。

(2) 當甲方舊力已去，新力未生之際，乙右腳向前上步，左腳跟步，右掌扶甲方手腕，左手扶甲方右肘向前推擊甲方胸部。同時，甲方左腳向後退步，右腳跟步，右臂順對手推擊力量屈肘後收、向外順勢化開對手推掌，左手扶對方右肘（圖5-7）。

【要點】

搖基相當於太極拳中的平圓雙推手，要順勢化力。

5. 乙轉掌切肋　甲轉掌下攔

乙右臂內旋轉掌向下，切擊甲右肋，力達掌指一側；甲右臂隨乙右臂向下而向下攔截乙右臂（圖5-8）。

圖5-7　　　　　　　　圖5-8

【要點】

此動作為兩人向下靠臂的動作，靠臂時兩人均有搶中占中的意識。甲乙雙方的左手要始終輕扶對方右肘部。福建南拳實戰中稱左右手為「父子兵」，意為兩手有父子一樣的親密關係，實戰中相互協調，緊密配合，互相援助，共同對敵。

6. 甲穿挑掌　乙三角步牽引

(1) 甲左手從右肘下向上穿挑乙撫肘之左手腕，並欲扣抓乙左手腕（圖5−9）。

(2) 乙見甲向上挑掌，左臂內旋，左手順勢反手抓甲上挑的左手，向左牽拉。同時，右腳內扣45度向右前方上步；左腳外轉跟步，身體左轉45度，成左三角步。乙位於甲身體左前側（圖5−10）。

【要點】

甲左手挑掌後，可順勢行三角步，左手向左牽拉乙左

圖5−9

圖5−10

腕，但因甲動作運行路線較長，而乙則以逸待勞，只需一轉腕即可以同樣的動作搶先一步，反牽引甲左手腕。乙牽引甲方時左手只是扣住甲腕，不要緊緊抓握甲方。

7. 乙上步擊肋　甲退步掩肘

乙上右步出右拳擊打甲方肋部；甲身體左轉退右步，跟左步，重心下沉。左臂沉肩墜肘脫開甲的扣抓，並以小臂向下靠擊乙方來拳，左掌掌心向下（圖5-11）。

【要點】

「乙三角步牽引」是為了亮出甲的肋部，故要接「乙上步擊肋」，這兩個動作實為一個動作的分解。甲脫開乙的扣抓，要借身體下沉的力。

第二段

8. 甲上步衝拳　乙退步搖基

甲右腳向前上步，左腳跟步；同時，以右單珠拳向

圖5-11

圖5-12

前擊打乙胸部。乙左腳向後退步，右腳向後跟步；同時，右手向左上方劃弧，以右手腕接甲右手腕部，左手接甲右肘，向後、向右順勢化開甲拳（圖5-12）。

【要點】

甲的進攻要借前動沉身之勢；乙退步要搖身蓄勢，右腳跟步不要落實。

9. 乙進步雙推掌　甲搖基轉化

乙右腳向前上步，左腳跟步；同時，右手扶甲腕，左手扶甲肘部向前推按。甲方左腳向後退步，右腳跟步；同時，右臂順對手推擊力量屈肘後收、向外引化開對手推掌，左手扶對方右肘（圖5-13）。

圖5-13

【要點】

動作「8.乙退步搖基」與「9.乙進步雙推」應做成一個完整連續動作。在步法上，進步雙推要借上勢退步的作用力產生向前進步的反作用力；在手法上，要乘甲力被化除勢虛時，順勢而進，兩掌化力前推，動作要圓活，不出棱角。

10. 乙轉掌切肋　甲轉掌下攔

【要點】

動作要點與「第一段動作5.乙轉掌切肋　甲轉掌下攔」相同，唯方向不同（圖5-14）。

11. 甲穿挑掌　乙三角步牽引

【要點】

動作要點與「第一段動作6.甲穿挑掌　乙三角步牽引」相同，唯方向不同（圖5－15、5－16，參看圖5－9、5－10）。

圖5－14

圖5－15

圖5－16

圖5－17

12. 乙上步擊肋　甲退步掩肘

【要點】

動作要點與「第一段動作7.乙上步擊肋　甲退步掩肘」相同，唯方向不同（圖5-17，參看圖5-11）。

第三段

13. 甲上步衝拳　乙退步搖基

動作要點同「第二段動作8.甲上步衝拳　乙退步搖基」相同，唯方向不同（圖5-18，參看圖5-12）。

14. 乙進步雙推掌　甲搖基轉化

動作要點同「第二段9.乙進步雙推掌　甲搖基轉化」相同，唯方向不同（圖5-19，參看圖5-13）。

15. 乙轉掌切肋　甲轉掌下攔

【要點】

動作要點與「第一段動作5.乙轉掌切肋　甲轉掌下攔」相同，唯方向不同（圖5-20，參看圖5-14）。

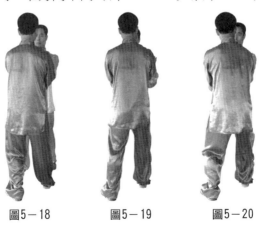

圖5-18　　　　圖5-19　　　　圖5-20

16. 甲穿挑掌　乙三角步牽引

【要點】

動作要點與「第一段動作6.甲穿挑掌　乙三角步牽引」相同，唯方向不同（圖5－21、5－22，參看圖5－15、5-16）。

圖5－21　　　　　　　　圖5－22

17. 乙上步擊肋
甲退步掩肘

【要點】

動作要點與「第一段動作7.乙上步擊肋　甲退步掩肘」相同，唯方向不同（圖5－23）。

圖5－21

第四段

第四段動作18至22的要點與第三段13至17動作要點相同，唯方向不同（圖5－24至圖5－29）。

圖5－24

圖5－25

圖5－26

圖5－27

圖5-28　　　　　　　　　　　圖5-29

第五段

23. 甲上步衝拳　乙退步搖基

【要點】

動作要點與「第二段動作8.甲上步衝拳　乙退步搖基」相同，唯方向不同（圖5-30）。

24. 乙進步雙推掌　甲退步雙搭

(1) 乙右腳向前上步，左腳跟步。同時，右手扶甲腕，左手扶甲肘部向前推按（圖5-31）。

(2) 甲方左腳向後退步，右腳跟步。同時，右臂順對手推擊力量屈肘後收，向下、向外、再向上、向內繞一圓，右手搭扶在乙左腕上；左手則由乙右肘滑至乙右腕處（圖5-32）。

【要點】

甲「退步雙搭」時右臂繞轉的幅度儘量要小。甲兩手

搭扶在乙兩臂上時是為了聽力，故兩手要輕，不宜用僵力。對練過程中有一方退步雙搭手了，是示意對手練習結束。

25. 甲退步收勢　乙退步收勢

甲、乙雙方各退回一步，兩臂收於身體兩側，成正身對立姿勢（圖5-33）。

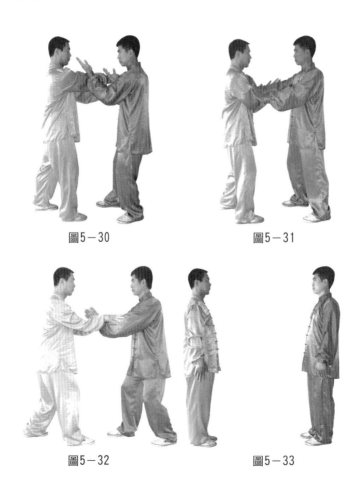

圖5-30　　　　　　　　　　圖5-31

圖5-32　　　　　　　　　　圖5-33

【要點】

五步交對練在每完成一段過程中，身體轉45度角，四段動作完畢，甲乙雙方的位置與預備勢相反；也可每段練習身體轉換90度方向，四段練習完畢時方向與起勢相同。第五段沒有方向轉變。

第二節　二十四步交

二十四步是鶴拳中技法較為豐富的對練拳法，其動作簡單實用，樸實無華，不是為一招一式的運用而設定，而是一套「重理不重力，練功不練法」的拳法。

二十四步拳法不僅可全套完整練習，還可每式拆開，做循環往復的單式對練。同五步交一樣，整套拳法熟練後，還可在套路練習中打亂順序交互穿插動作進行演練。

二十四步交動作名稱順序如下：

1.甲、乙三角步右靠基；2.甲、乙三角步左靠基；3.甲、乙三角步右靠基；4.甲搖基雙推掌　乙牽牛過山；5.乙上步肩撞　甲倒勢蝙蝠馬；6.乙躍步抓肩；7.甲扣搭撩陰腳　乙退步雙拍掌；8.甲上步單箭　乙翹掌回箭；9.甲順步掌　乙肘底箭；10.甲吞基吐箭　乙搖掌進步雙推；11.甲搖掌反推　乙收節雙推；12.甲倒勢腳甲　乙跳三角；13.乙躍步單箭　甲扳肘搓摩手；14.乙按掌　甲扳肘角反側收節；15.甲收節雙推　乙麻雀跳；16.甲上步單箭　乙擰腕擊胸；17.甲攔掌　乙如封似閉；18.甲麻雀跳

乙上步單箭；19.甲劈竹　乙照明彈；20.甲反攔穿拳
乙反攔穿拳；21.甲、乙搖基雙推掌　甲拆中雙推；22.乙
雙掛雙還　甲退步雙封；23.乙搖基雙推　甲退步雙封；
24.甲、乙退步收式

二十四步動作分解

預備式：動作與「五步交預備式」相同（圖5－34）。

【要點】

立於左側者為甲方，右側者為乙方。

1. 甲、乙三角步右靠基

【要點】

動作要點與「五步交1.甲、乙三角步右靠基」相同
（圖5－35）。

2. 甲、乙三角步左靠基

【要點】

動作要點與「五步交2.甲、乙三角步左靠基」相同

圖5－34　　　　　　　　圖5－35

（圖5－36、圖5－37）。

3. 甲、乙三角步右靠基

【要點】

動作要點與「五步交3.甲、乙三角步右靠基」相同（圖5－38、圖5－39）。

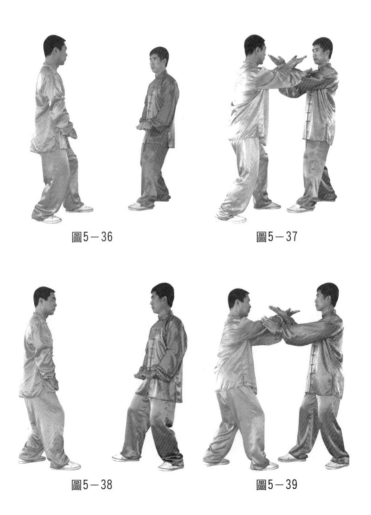

圖5－36　　　　　　　圖5－37

圖5－38　　　　　　　圖5－39

4. 甲搖基雙推掌　乙牽牛過山

(1) 第三次靠基時，即三角步右靠基時，甲方與乙方右臂相接時，甲方不與乙方抗力，而見力化力，雙手順勢向後向右引化開對手來力。當乙方勢盡，甲右腳向前上步，左腳跟步，右掌按乙方腕，左手扶乙方右肘向前推擊乙方胸部（圖5－40）。

(2) 乙方右腳後退一步，左腳跟步。右手拿對手腕部，左手拿對手肘關節上方向後拖拉（圖5－41）。

【要點】

搖基相當於太極拳中的平圓雙推手，要順勢化力。拿對手肘腕的手不可用力抓握。兩臂要保持三戰手狀態，兩手不要貼靠身體。

5. 乙上步肩撞　甲倒勢單蝙蝠馬

(1) 見甲方剎馬住勢，乙方上左步以肩撞甲方（圖5－42）。

圖5－40　　　　　　　　圖5－41

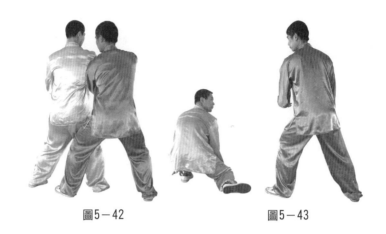

圖5-42   圖5-43

(2) 甲方被撞，不硬抗，順勢向後躍步成蝙蝠馬，雙手扶地，目視對手（圖5-43）。

【要點】

乙方肩撞是用重心上橫破豎的道理。甲方被撞向後躍步也是順勢化力。

6. 乙躍步抓肩

乙方緊隨甲方躍步向前，並雙手成鶴爪抓拿甲方肩井穴（圖5-44）。

【要點】

抓肩井的動作本是插對手血池穴，但易造成傷害故改之。

7. 甲扣搭撩陰腳　乙退步雙拍掌

甲雙手從乙方雙手間向兩側分開乙方雙手（圖5-45），並起右腳踢擊乙襠部；乙後退一步，雙掌重疊向下拍擊甲腳面（圖5-46及圖5-46附圖）。

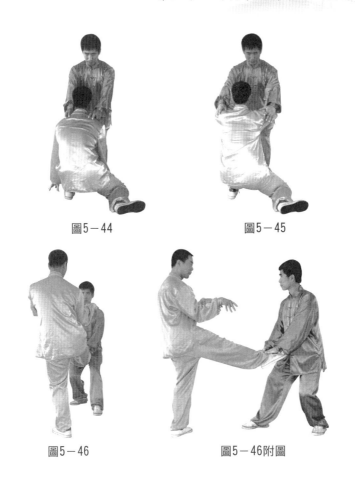

圖5-44　　　　　　　　　圖5-45

圖5-46　　　　　　　　　圖5-46附圖

【要點】

　　甲踢擊乙襠部時注意把握分寸，最好不要發力，以免傷害對手。甲向下拍擊時要主動，以截住對方勁，動作要乾脆。

　　8. 甲上步單箭　乙翹掌回箭

　　(1) 甲右腳向前落步，並順勢出右手單箭擊乙胸部；

乙步略收，左小臂向上挑開甲方單箭，並立即上步出右手
單箭擊甲方胸部（圖5-47及圖5-47附圖）。

【要點】

乙步略收並沒有停頓，要借略收之勢加強向前之力。

圖5-47　　　　　　　　　圖5-47附圖

9. 甲順步掌　乙肘底箭

(1) 甲退步，左手向右上方拍開乙臂（圖5-48及圖
5-48附圖）。

(2) 甲乘勢向前上步，出右掌擊乙肋部；乙向左後方
略滑步，右手向下、右臂內旋轉掌心向外拍開對手來拳，
左手順勢接甲肘部（圖5-49）。

(3) 緊接著甲向前滑步，左手控制乙肘關節，右手成
單珠拳，順對手肘下向前擊打對手肋部（圖5-50）。

【要點】

動作中的進和退是不間斷的一個完整動作，在這裡要

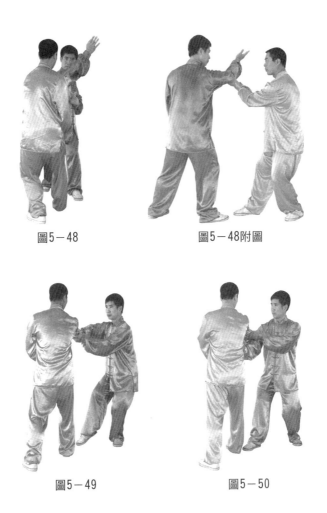

圖5－48　　　　　　　　　圖5－48附圖

圖5－49　　　　　　　　　圖5－50

注意腳步的靈活是關鍵，步法不活，一個動作則斷成了兩個動作。

10. 甲吞基吐箭　乙搖掌進步雙推

(1)甲步略後滑，搖肘吞身沉墜，用右肘化開乙拳，左

圖5-51

手扶乙右肘（圖5-51）。

(2)緊接著甲向前滑步，出右拳擊乙肋部（圖5-52）。

(3)乙向後略滑步，右手向下、右臂內旋轉掌心向外拍開對手來拳，左手順勢接甲肘部（圖5-53）。

(4)緊接著，乙兩手轉掌向前推擊甲胸部（圖5-54）。

【要點】

防守一方需注意既不能過早動作，也不能防禦過晚。初學者進攻一方不可發力，以免傷害對手。

圖5-52

圖5-53

圖5－54

圖5－55

11. 甲搖掌反推　乙收節雙推

(1) 甲步略後滑，雙掌向後、向右搖化開乙的推掌，向前滑步跟進乙方，雙掌前推（圖5－55）。

(2) 乙在被甲推時，略向左撤步，左手輕拿甲肘，右手滑至甲方右肘關節，左手滑至甲肩部（圖5－56），並向右前方推甲。

圖5－56

【要點】

進退步法要輕靈，身法要穩，手法要清晰，在這一進一退中雙方可變化出許多動作來。乙推甲是在乙化除甲來

力後借力發力，不可頂勁硬推；甲後躍步也為順勢化力。

12. **甲倒勢腳　甲、乙跳三角**

(1)甲被推，不與對手抗力，順勢向後躍步跳出，調整身形，回視乙方（圖5－57）。

(2)甲、乙雙方由跳三角馬調整成雙方面對、右腳在前的三角步（圖5－58至圖5－60）。

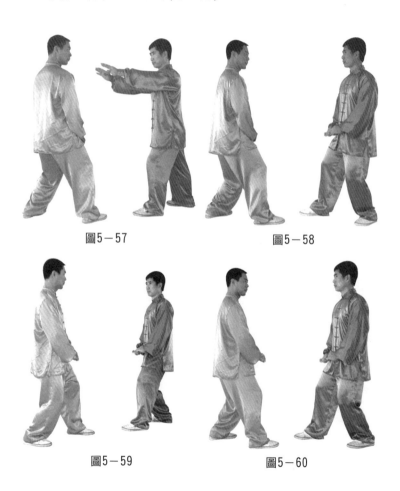

圖5－57　　　　　　　　　圖5－58

圖5－59　　　　　　　　　圖5－60

【要點】

跳三角步是鳴鶴拳中重要的步法練習，練習跳三角步不僅可提高步法的靈活性，在技擊上也有諸多妙用。

13. 乙躍步單箭　甲抜肘搓摩手

(1) 乙向前躍步接近甲，並出右掌單箭擊打甲胸部；甲向右閃步，左手接乙腕，右手接乙肘，兩手前後搓摩乙右小臂（圖5－61及圖5－61附圖）。

圖5－61　　　　　　　　圖5－61附圖

【要點】

搓摩就是兩手臂貼對方手臂前後搓動，這是技擊中的一種手法練習，在練習過程中乙方手臂要放鬆配合甲方。

14. 乙按掌　甲抜肘角反側收節

(1) 乙左手推按甲右臂，克制甲的搓摩（圖5－62）。

(2) 甲身體右轉，化開對手按掌之力，右手順勢接乙左腕下按；同時，左手接乙左肘上托，使乙形成反關節

圖5—62　　　　　　　圖5—63

圖5—64

（圖5—63）。

（3）乙右手按甲左肘，左手屈肘收臂克制甲使用反關節。甲左手向上、向左順勢絞繞乙左臂，左腳向右上步，右腳跟步，身體左轉位於乙身體左前方。甲左手上滑拿乙左肘，右手上滑按乙肩（圖5—64）。

【要點】

反關節時不可用強力，以免傷害對方。

15. 甲雙推　乙麻雀跳

（1）緊接上動，甲向前滑步將乙推出。乙兩腳同時蹬地，以小跳步向後躍出，化開甲的推力，並立即調整好右

208

腳在前的三角步型（圖5－65）。

【要點】

動作(1)要緊接前面動作(3)，初學者練習時動作不宜過快過猛，以免使乙跌倒。

16. 甲上步單箭　乙擰腕擊胸

(1) 甲右腳向前上步，左腳跟步，出右掌單箭擊乙胸部（圖5－66）。

圖5－65　　　　　　　圖5－66

(2) 乙閃身，左手拿擰甲右腕，向甲方右側牽拉。左腳上步扣在乙右腳外側，左膝向內貼靠乙方右膝。同時，右掌向左橫向推擊甲胸部（圖5－67）。

【要點】

此動閃身、擰腕、擊

圖5－67

圖5－68

胸、上步扣腳靠膝配合要協調一致。

17. 甲攔掌　乙如封似閉

(1) 甲左掌向內封攔乙擊胸右掌（圖5－68）。

(2) 乙左手鬆開甲右腕，經自己右臂下向右手外側套封甲左腕，解開甲方攔掌（圖5－69）；右手緊接著按甲左肘，兩手同時向左前方推甲（圖5－70）。

【要點】

動作要順勢用力，不要僵持。

18. 甲麻雀跳　乙上步單箭

(1) 甲借乙推力向後小跳步保持平衡，落地後調整為右腳在前的三戰馬，雙手按至小腹前。目視乙方（圖5－71）。

圖5－69

圖5－70

(2) 乙右腳向前上步，左腳跟步。同時，出右手單箭擊對手胸部（圖5－72）。

【要點】

麻雀步意在緩解對手向我推擊的作用力。

圖5－71　　　　　　　　圖5－72

19. 甲劈竹　乙照明彈

(1) 甲後滑一小步，左手搖絞蓋壓乙右臂。再向前滑步，右手向前劈打乙頸側（圖5－73）。

(2) 乙後滑一小步，左手蓋壓甲右臂（圖5－74）。再向前滑步，右手以反背拳翻打甲面部（圖5－75）。

圖5－73

圖5-74　　　　　　　圖5-75

【要點】

向前滑步要借用向後滑步的反作用力，要把進和退兩個動作做成一個動作。向後是防守，同時也是蓄力。

20. 甲反攔穿拳　乙反攔穿拳

(1)甲後滑一小步，左手蓋壓反攔乙右臂（圖5-76）。再向前滑步，右手拳心朝上，經左手臂上方向前擊打乙方（圖5-77）。

(2)乙後滑一小步，左手蓋壓反攔甲右臂（圖5-78）。再向前滑步，右手拳心朝上，經左手臂上方向前擊打甲方（圖5-79）。

圖5-76

【要點】

同上組動作比較，兩者步法相同，手法相近。

21. **甲乙搖基雙推掌　甲折中還推**

(1) 甲右手接乙右腕，左手接乙右肘，向後、向右搖基引化，並隨即轉掌向前推乙（圖5－80）。

圖5－77

圖5－78

圖5－79

圖5－80

圖5-81

(2)乙搖基化力反推甲（圖5-81）。甲左手套入乙右臂內側，同右手引化分開乙雙臂（圖5-82）；緊接著轉雙掌向前推乙胸部（圖5-83）。

【要點】

能化得開才能發得出。

22. **乙雙掛雙還　甲退步雙封**

(1) 乙向後滑步，雙手從甲臂外側繞至中間，向兩側後方掛開甲雙推掌（圖5-84）。

(2) 緊接著，乙轉雙掌向前推按甲胸部（圖5-85）。

(3) 甲向後滑步，雙手向內封按乙雙臂（圖5-86）。

圖5-82

圖5-83

【要點】

雙掛吞沉，雙還吞浮，對練每個動作同樣都要講究吞吐浮沉。

23. 乙套下雙推　甲退步雙封

(1) 乙右手從甲右手外側套入（圖5－87），用十字手法解開甲雙封手。右手接甲右腕，左手接甲右肘，向前推

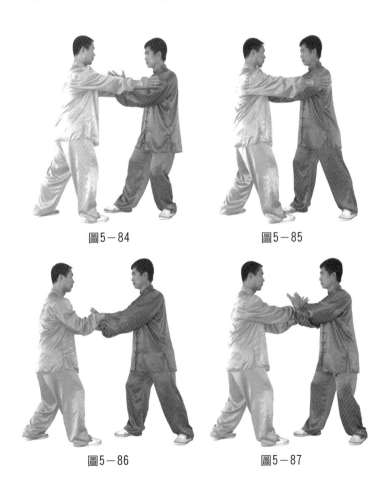

圖5－84　　　　　　　　　圖5－85

圖5－86　　　　　　　　　圖5－87

圖5-88

按甲方（圖5-88）。

(2)甲向後滑步，右手向下、向乙左臂外側繞轉繼續封按乙方左臂，左手貼乙右臂略後滑，與右手同時封按乙雙臂（圖5-89）。

【要點】

雙封手法要輕靈。甲也可變退步雙封為牽牛過山，甲乙互換攻防重新開始。

24. 甲、乙退步收式

甲、乙各退後一步，兩腳併攏立正，兩手收回置於身體兩側為收勢（圖5-90）。

圖5-89　　　　圖5-90

第三節　單式對練

　　複雜的對練套路較難掌握一些手法、身法或步法在實戰中的應用，循環往復的單式對練就能解決這個問題。透過逐個單式循環往復的對練，能對一些重要的手、眼、身、步法運用的具體要點個個突破，使學者更加透徹的理解和感受各種手法、步法等在實戰中的運用要領。

　　鶴拳中能夠循環往復練習的單式對練較多，僅五步交和二十四步中就可折出二十多組這類對練動作。限於篇幅，及便於讀者對鶴拳套路的進一步掌握，在此僅從以上對練套路中擇七式加以演示。

一、靠　基

　　1.甲（在左側者為甲）、乙（在右側者為乙）雙方為右三角馬相對，右臂在前以天骨（小臂橈骨側）相靠，同時左手虛扶對手右肘（圖5－91）。

　　2.甲、乙雙方步型不變，右臂轉下以地骨（小臂尺骨側）相靠，同時左手虛扶對手右肘（圖5－92）。

　　3.甲、乙雙方轉為左三角馬，左臂在前以天骨相

圖5－91

靠，同時右手虛扶對手右肘（圖5-93）。

4.甲、乙雙方步型不變，左臂轉下以地骨相靠，同時右手虛扶對手左肘（圖5-94）。

圖5-92

圖5-93

【要點】

靠基是鶴拳對練中較為重要的手法之一，雙方切磋技藝也常從靠基開始，兩臂相靠，四手相搭，觸即變，發如箭，他高隨他高，他低隨他低……見力生力，見力化力，見力得力，見力棄力，在雙方搭手的基礎上尋找制勝對手的戰機。

圖5-94

在五步交對練的開始已經介紹了一種基手對練，是

可以抽出做單式對練的。這裡再介紹是為「上下靠」，如同一般拳法中常見的靠臂功，只是要求另一手虛扶對手肘部，是為了兩手緊密配合，所謂「上陣父子兵」。這裡介紹的所有單式對練都是可以循環往復練習的。

二、搖　基

1.甲、乙雙方從靠基開始（圖5－95）。

2.甲力強於乙，乙右手搭甲腕，左手扶甲肘，搖身化開甲的推掌，轉掌推甲（圖5－96、圖5－97）。

3.甲右手搭乙腕，左手搭甲肘，搖身化開乙的推掌，轉掌推乙（如圖5－96）。

圖5－95

圖5－96

圖5－97

【要點】

兩人如此反覆，一推一化如同太極平圓推手。

三、肘底箭

1.甲、乙雙方在右手靠基或搖基時，乙右手反手化開甲右手，左手托甲右肘，右手成單珠拳擊甲肋部（圖5－98、圖5－99）。

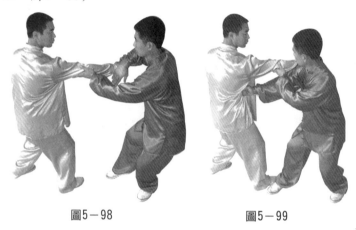

圖5－98　　　　　　　圖5－99

2.甲向後滑步；右手轉下拍開乙來拳，左手接乙右肘（圖5－100）。

3.緊接著，甲向前滑步，左手托乙右肘，右手成單珠拳擊乙肋部（圖5－101）。

4.乙向後滑步；右手轉下拍開甲來拳，左手接甲右肘（如圖5－98）。

5.緊接著，乙向前滑步，左手托開甲右肘，右手成單珠拳擊甲肋部（如圖5－99）。

圖5－100   圖5－101

【要點】

平時練習只要求順求工，不必發力。

四、對劈竹

1.甲、乙雙方在右手靠基或對箭時，甲左臂蓋壓搖絞乙右臂，右掌向前劈打乙左頸側；乙後滑步，左臂蓋壓搖絞甲右臂（圖5－102、圖5－103）。

圖5－102   圖5－103

2.緊接著，乙向前滑步，右掌向前劈打甲左頸側；甲後滑步，左臂蓋壓搖絞乙右臂（圖5－104）。

3.緊接著，甲向前滑步，右掌向前劈打乙左頸側；乙後滑步，左臂蓋壓搖絞甲右臂（如圖5－103）。

【要點】

步法不要斷續，手法要緊湊。練習動作清晰為要，不可求快成亂。

五、吞基吐箭

1.甲、乙雙方在右手靠基或搖基時，甲右手成單珠拳擊乙肋部；乙步略後滑，吞身墜肘化開來拳，同時左手扶甲右肘（圖5－105）。

2.緊接著，乙向前滑步，左手托開甲右肘，右手成單珠拳擊甲肋部（圖5－106）。

圖5－104　　　　　　　圖5－105

3.甲方略向後滑步，吞身墜肘，以肘向後帶開乙拳，同時左手扶乙右肘（圖5－107）。

圖5－106

圖5－107

4.緊接著，甲向前滑步，左手托開乙右肘，右手成單珠拳擊乙肋部（圖5－108）。

5.乙再墜肘吞身，化解同前（如圖5－105）。

【要點】

這式對練著重在身法吞吐的練習上。

圖5－108

六、對 箭

1.甲、乙雙方兩腿成三七步型，兩手成拳按至小腹

前，目視對方，相對站立（圖5－109）。

2.甲、乙雙方各向前滑一步成弓步，同時出右掌單箭擊打對方胸部，左手扶對方右肘部（圖5－110）。

3.甲、乙各撤回一步成三七步型，兩掌成拳收按於小腹前，目視對方，相對站立（如圖5－109）。

【要點】

甲、乙向前滑步時步略右閃，如此反覆練習兩人行走的路線為圓形。

對箭是陳世鼎系鳴鶴拳中較為重要的對練練習，由此式可變化出各種技法來。另外，對箭的形式也有多種，這裡僅介紹一種。擊打對方時只可擊打對方胸部以上，初學者不要重擊，以能適應的力度為宜。

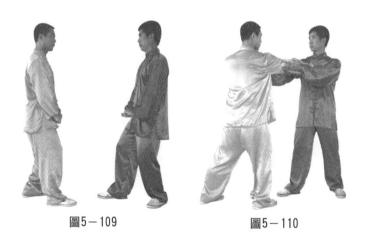

圖5－109　　　　　圖5－110

七、雙基雙箭

1.乙擺三戰手讓甲擊打，甲擊打時，乙吞身收骨承受擊打（圖5－111）。

2.乙欲擊甲時，待甲出手擊乙胸部，乙兩手轉至甲兩手內側分開甲兩手（圖5－112）。

3.緊接著，乙轉掌向前擊甲，甲擺成三戰手式，吞身收骨承受擊打（圖5－113）。

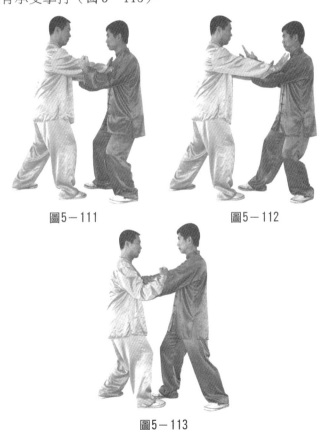

圖5－111　　　　　　　圖5－112

圖5－113

【要點】

雙基雙箭也是鶴拳中較為重要的基礎練習，開始時不可重擊，要視受擊打一方的承受力循序漸進，最好有老師指點練習。雙基雙箭的練法也有多種，此式練好後還有提高難度的練法。

以上介紹了七組單式對練，我想學習過五步交和二十四式的對練者，一定會舉一反三，演變出更多的單式組合對練來。不過學會更多對練並不是目的，透過練習能體悟拳理，練出功夫來才是目的。

附錄一

鶴拳拳譜——

論頭頂身手足各處用勢及所以出力

　　頭頂提正，百會骨與囟庭頂天，如降地生根。腦後大拇筋與諸龍骨[1]串落，腰中盡尾骨，與腿頭足掌心相呼相應。兩耳兩片當於肩墜相對相呼。面前一片，兩目牙關之力先用小行落而後吊起。項中咽喉如橫行串落，又與胸中丹田、膀胱、足掌心相呼相應。眼目如銅鈴，又似將軍之目，不轉不合。是以頭頂之出力，能靜不能動，如載千斤之勢也。

　　一齊同歸左右兩肩串出，從兩手前節內及手背後節中外關處，同有聲筋收入呼應發出，若能以此用頭頂出力，則項中頭來對脅舉正，百會與囟庭頂天，獨串降地。叫應二字，直有上中下之推，無處不聽從其使矣。

　　論身中之行力，胸前向開[2]，肩當舉後[3]，墜落飯匙骨[4]卷固，百會與腦後大拇筋串落，大椎及諸龍骨如一線合

----

①諸龍骨：脊椎骨。

②向開：展開。

③舉後：舉有轉的意思。舉後即轉向後。

④飯匙骨：肩胛骨。

縫，串落腰中，與盡尾骨推緊叫應，將臍下腿頭一片收過盡尾骨，及至盡尾骨向落膳子⑤邊、糞門口邊，筋骨又合縫橫閂。

所以胸前向開，一推叫，丹田提起則能提腸束氣，膀胱與膳子也吊起，收存出力，腹中氣海與腹里筋能起人字，胸中至乳旁浮火向出，太陰囟雖失氣之處，亦能浮起合縫出力，接帶後背二條板筋，至後門叫應斂束，腹中能收小，肉堅如鐵板，皮軟如綿又老人一般。

故諸腹筋行力，向前不縮，勁敵不畏，總而言之，無非與頭足相叫應矣。前起後落，上俯下仰四字，此四字曷不可以意會也。

論兩足之行步，不丁不八，前膝對鼻中，後足蹄對臀中，兩膝面隨身同向，不可反出曲入，必以正為主。後腳上直下曲，前腳上曲下直，上直注身之勢十分有七；上曲注身之勢十分有三，是以出馬留七分，載身坐住後足，出三分載前馬。前三後七，留七去三，即以兩足載身之勢也。然及兩足出力無有輕重落地，平分矣。

出馬前腳掌指小收入，膀胱一片，前腿小向開，插入收正，下節不可重力。先指面力到地，五指力推起，腳盤能邊⑥一片吊起，腿頭一片串落膝中，二片起落出力。內解邊⑦一片在上小向吊起，在膝下一節，蹄用勢小韋開，同後腳後跟一齊降地也。後腳後跟小韋動，二條筋起在腳

⑤膳子：睪丸。
⑥腳盤能邊：腳盤指腳背；能邊指腳弓內側部位。
⑦解邊：腹股溝。

228

目⑧蹄線到解頭膳子邊，聚止膝面至力與掌心一齊落地，外邊一片腿頭小收後，與前腳腿頭骨尖收後同時推叫應，緊貼格內解邊一片至膝中小向吊起，而實則又直串落地扶掌心倚土⑨，步步生跟也。

若兩足一齊出力，前腳能起蹄直轉落後腿和叫外邊推扣臀中，後腳解和叫蹄與掌心降落外邊腿頭，推扣叫應，力能轉，轉而起，是以解邊有四條大筋浮起步步接身勢出力，疊疊戰出指定無響步之聲，免致死硬直落，前後出力輕重不能一聲也。前足作後足，後足作前足，進進退退必當頭腦、肩、背、腰中、臀內肉一齊平直，不可反出曲入，以致前後之貪失。

或有時出馬斷不可先用力落地，無接應之勢。當先寄馬，而後見動發力，與身勢連續，如水車兩頭接橫木轉輪，有相順相應也。叫應二字譬如一條線，棄一頭獨一頭出力，此線焉能出力乎。若夫足向出勢用力不順，強用力斷不能接頭身之力矣。故叫應二字亦如一條線兩頭取定，推緊來去出力之勢，可以詳審而細推之也。

論兩手用勢出力，內節轉開外關處，及有聲筋收入緊注肩，即自向開墜落頭頂及身足之力齊到節內，是以內節硬如鐵。外節未有行力到掌指，是以外節軟如綿也。出手用照朝手，有三壑四面，上下左右之力歸接掌心發出如膠水之勢也。或用陰陽手接身之力變來用去，亦其可用矣。

---

⑧腳目：腳的外踝。
⑨倚土：貼靠地面。

　　論指用勢出力，掌心內向開手，拇指如落推緊收入，與節內相叫應，此一片出力捲入，掌心一片與尾小指一片串出，掌後一片扶掌心沉重發出一片叫應，能橫行化力，與尾小指如鐵枝，是以能傷五臟，不但傷骨肉也。出手如射箭，緊去緊來似曲似直，節中一鏨向天，小注節跡之意。不可太驕盡直⑩，以貽上下左右反背其弓，起手須對他人寸口接應，手尾軟中變硬力，有出力叫應，柔中帶剛，全恃節內行力，一身配節用勢，勢力相兼，故不怕少壯能硬，少壯之力矣。

　　苟有時寸口被困，須當身沉入尋手，手不可抽回尋身，此乃一手論四面，對身出力，脅腹丹田與手掌心一片相應，後背腰腿與手拇指一片相叫，手掌後一片力與腰中兩腿相對，尾小指在下一片力與頭頂臍中後腰足中心呼應。豈有一手僅以一處發力乎，故用力之中，必當知其所以用力為重。

　　（拳譜為福建方言所寫，為使讀者便於理解，對其中部分詞語加以注釋。）

---

⑩太驕盡直：思想疏忽，用勢過老。

附錄二

鶴拳精要

　　學者有心即練，論年不論月。

　　天下無難事，只怕心不專，心專事必成。

　　拳從三戰起，三戰練到死。

　　教徒之法，必三戰為先，端正為務。然後練其手足相應，筋骨出力，一氣串出。

　　要想鶴拳好，三戰裡面找。

　　鼻與兩肩，天平穩定。

　　手節要正，井井朝天①，指指朝天。

　　以頭、身、手、足四種力勢為三戰步法的根基。

　　無貪於前，無失於後，步步立穩，身力貫聯，手足相應。

　　臀中、身中前後兩片正中帶靜，浮中帶沉，沉中帶動，有活氣之意，不可差陰失陽。

　　舉手行步，五肢歸接中枝，雖手足動如車輪，而身能靜如鐵柱，手腕硬如鐵枝。兩足落地，步步生根，任遷不

---

①井井朝天：井就是坑、窩的意思。井井朝天就是要求坑窩朝上。這些坑窩分別是指肩井、肘井、腕井，形意拳中叫做三星。肩井即肩髃穴，也有指血池穴的；肘井即肘窩；腕井即腕窩。

散。

　　吞吐浮沉君需記，剛柔相濟定心神。

　　正直出力，人與物具同，試以物行動而觀之。夫犬有時過水，觀其離水之間[2]，頭正身正，四足落地，沉身中。雖有水而不見其何之[3]。故人之行步，身中正直沉，推一叫。欲進則進，欲退則退，不致有艱難之患，無接續之勢也。倘若身腰不正，一身盡盡向出[4]，足步又盡開，大晃直搖邊破之，吾知其敗矣。正直兩字安可忽略。

　　手重不如手輕，手輕不如手空。

　　出手上部脹死，下部不接應。如車無輪不能轉，自身不能保，怎能取勝他人，是以易學難精也。

　　吞吐浮沉君需記，剛柔相濟定心神。

　　步動一寸，手進一尺。

　　兩手如竹繩，兩腳如車輪，進如猛虎出林，退如老貓伺鼠。

　　手尾步步先軟，後而硬用勁。

　　千變萬化枝接葉。

　　步步接人力頭，化人力尾，散人大力。

　　無搭不起腿。

　　技擊之時，觀其地勢而出步，觀他人之面目，可知他人手之出力；觀其鼻，可知他身之動靜。斷不必觀其手、

②觀其離水之間：看狗離水上岸的時候。

③雖有水而不見其何之：雖然有水，也不能沾在狗的身上。

④一身盡盡向出：身體展開，散亂，不緊湊。指沒有做到鶴拳所要求的「端正」。

觀其形、觀其影。

手上逼死力，腳下使風驅。

手有六門之變，有上、下、左、右、出、入之分。

內節硬如鐵，外節軟如綿，手指如泥。

觸即變，發如箭。

身為主，眼為帥，手為兵，腳為將。

只要立好自身門戶，上、中、下自有接應。有橋斷橋，可對椿而破；無橋生橋，引之而破。

交手之時只可取帥，他來隨他來，他去隨他去，他左隨他左，他右隨他右，他高隨他高，他低隨他低，過角⑤要分明。

逢丟即補。

遇空則打，遇橋則斷，步步先顧自己，後取他人，見動取中，一氣行力。

以我之手配他人之鼻。

（鶴拳精要的內容主要節錄於各種鶴拳拳譜及鶴拳師的口傳記錄。）

---

⑤過角：過即轉換的意思，過角有轉招換式，變換角度之意。

後 記

　　我學武術是從北拳入手的，20世紀90年代初，我到了福州才有機會接觸南派拳法。練慣了、看慣了北派拳法，起初從心裡看不上福州的地方拳。動作簡單重複，不像北派拳種那麼舒展，表面上似乎也沒什麼攻防之意。南拳太土，落伍了……我相信自己的判斷力，怎麼說我已經練武十多年了。

　　又過了幾年，有一次，福州市武術管理中心舉辦迎新年武術表演，我有參加。當時在場的多是些老拳師，其中就有阮東老師，我久聞大名而從未謀面。

　　早聽我的老師——福州自然門武術館館長呂耀欽說過，他的鶴拳打的最好。我很認真地將其表演看完，說實在的，真沒看出什麼名堂。

　　後來，一個偶然的機會，有一位隨阮東老師學拳的朋友帶我去認識了阮東老師。阮東老師待人一團和氣，容易相處，談起鶴拳來滔滔不絕，講鶴拳的各流派特點，講鳴鶴拳的發力及手法應用，邊說邊比劃。幾個基本的手法，就讓我感受到，這看起來至簡至易的動作，內含卻有著至深至奧的妙處。中國武術真可謂博大精深，我的見識看來還淺。從那時起，我開始專心研練鶴拳。

　　我從阮東師父學的是鳴鶴拳，幾年後，我又向陳天興老師及鄭道鐘老師學宗鶴，向吳麥秀老師學鶴仔拳，還有向陳淑營老師學鶴拳機手……

　　學習鶴拳對我來說比較難。拳諺：「學拳容易改拳難。」我有根深蒂固的北拳基礎，練起南拳來處處都憋著勁。在語言方面，我是北方人，老拳師的普通話又不是太好，我本是說東北話的，認真說普通話應該還算標準，但他們更習慣聽福州本地人說的普通話，特別是老年人，交流起來有些障礙。

　　老拳師的功夫來自口傳身授，文化水準普遍不高，大陸所出版有關鶴拳的書，好像只有胡金煥、孫崇雄、阮寶翔三人合著的福建南拳系列叢書《鶴拳》。

　　古拳譜在各老師處多少都有見到。但拳譜為福建方言（多為閩南方言，也有福州方言），我看不懂，老師也看不全懂。因此，有一段時間我為看懂拳譜努力奔波，當有些拳普看得明白的時候才發現，其實拳譜上面的內容老師已經在教拳時講過，只是表述的方式有差異。拳譜專注講「理」，而看不到「拳」；老拳師偏重講「拳」，理在拳中，需用心才能體悟。

　　關於傳統拳法的套路，換個角度講，其實可以當作拳譜看，每一招每一式遵規守矩，積聚了前輩武者智慧和勇敢的結晶，可謂是一部活著的拳譜；而拳譜也是在為拳法為何有這一動作做著詮釋，理不能脫離拳，拳同樣也不能脫離理。

　　在古時候，印刷術落後，古人想把拳法拳理表達出來

十分不易。也許是重理論輕方法，也許繪畫相對不容易，
使流傳下來的拳譜多文字，少圖解。加上有些文字表達含
蓄，解釋出的答案常仁者見仁，甚至望文生義。

　　時代在進步，現代社會表達記錄武術的方式實在說不
上難。不會繪畫，有相機解決，一幅幅靜止的圖像真實而
清楚。想看運動的畫面，有錄影，對著鏡頭把所要表演的
拳法做一遍，便能記錄下來。

　　在這種條件下，我想，作為熱愛武術、以武術為生涯
的我，應該做些事情，把前人傳授的東西整理出來。特別
是在傳統武術走下坡路的今天，我的水準雖說有限，但這
終究是件有意義的事。

導引養生功

全系列為彩色圖解附教學光碟

張廣德養生著作　每冊定價 350 元

輕鬆學武術

太極跤

歡迎至本公司購買書籍

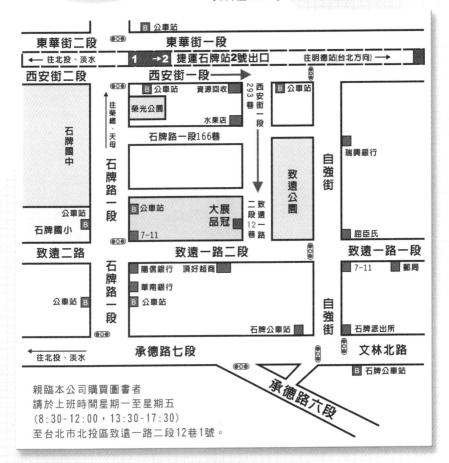

親臨本公司購買圖書者
請於上班時間星期一至星期五
(8:30-12:00, 13:30-17:30)
至台北市北投區致遠一路二段12巷1號。

建議路線
1.搭乘捷運
　　淡水信義線石牌站下車,由月台上二號出口出站,二號出口出站後靠右邊,沿著捷運高架往台北方向走(往明德站方向),其街名為西安街,約80公尺後至西安街一段293巷進入(巷口有一公車站牌,站名為自強街口,勿超過紅綠燈),再步行約200公尺可達本公司,本公司面對致遠公園。

2.自行開車或騎車
　　由承德路接石牌路,看到陽信銀行右轉,此條即為致遠一路二段,在遇到自強街(紅綠燈)前的巷子左轉,即可看到本公司招牌。

國家圖書館出版品預行編目資料

南派鶴拳用法與練法／馮　武　著
　　──初版──臺北市，大展，2019〔民108.02〕
　　面；21公分──（中華傳統武術；29）
　　ISBN 978-986-346-238-5　（平裝；附影音數位光碟）
　　1.拳術　2.中國
528.972　　　　　　　　　　　　　107021849

南派鶴拳用法與練法

著　　者／馮　　武
責任編輯／張　保　國
發 行 人／蔡　森　明
出 版 者／大展出版社有限公司
社　　址／台北市北投區（石牌）致遠一路2段12巷1號
電　　話／(02) 28236031・28236033・28233123
傳　　真／(02) 28272069
郵政劃撥／01669551
網　　址／www.dah-jaan.com.tw
E-mail／service@dah-jaan.com.tw
登 記 證／局版臺業字第2171號
承 印 者／傳興印刷有限公司
裝　　訂／眾友企業公司
排 版 者／千兵企業有限公司
授 權 者／山西科學技術出版社
初版1刷／2019年（民108）2月

定　價／400元

大展好書　好書大展
品嚐好書　冠群可期